中华人民共和国行业推荐性标准

公路沉管隧道设计规范

Specifications for Design of Highway Immersed Tunnel

JTG/T 3371-01—2022

主编单位：中交公路规划设计院有限公司
批准部门：中华人民共和国交通运输部
实施日期：2022 年 11 月 01 日

人民交通出版社股份有限公司
北 京

律师声明

本书所有文字、数据、图像、版式设计、插图等均受中华人民共和国宪法和著作权法保护。未经人民交通出版社股份有限公司同意，任何单位、组织、个人不得以任何方式对本作品进行全部或局部的复制、转载、出版或变相出版。

本书封面贴有配数字资源的正版图书二维码，扉页前加印有人民交通出版社股份有限公司专用防伪纸。任何侵犯本书权益的行为，人民交通出版社股份有限公司将依法追究其法律责任。

有奖举报电话：(010) 85285150

北京市星河律师事务所
2020 年 6 月 30 日

图书在版编目（CIP）数据

公路沉管隧道设计规范：JTG/T 3371-01—2022 / 中交公路规划设计院有限公司主编. — 北京：人民交通出版社股份有限公司, 2022.7
ISBN 978-7-114-18063-7

Ⅰ. ①公… Ⅱ. ①中… Ⅲ. ①公路隧道—沉管隧道—设计规范 Ⅳ. ①U459.2-65

中国版本图书馆 CIP 数据核字（2022）第 110285 号

标准类型：中华人民共和国行业推荐性标准
标准名称：公路沉管隧道设计规范
标准编号：JTG/T 3371-01—2022
主编单位：中交公路规划设计院有限公司
责任编辑：李　沛
责任校对：席少楠
责任印制：刘高彤
出版发行：人民交通出版社股份有限公司
地　　址：(100011) 北京市朝阳区安定门外外馆斜街 3 号
网　　址：http://www.ccpcl.com.cn
销售电话：(010) 5975797
总 经 销：人民交通出版社股份有限公司发行部
经　　销：各地新华书店
印　　刷：北京市密东印刷有限公司
开　　本：880×1230　1/16
印　　张：6.75
字　　数：156 千
版　　次：2022 年 7 月　第 1 版
印　　次：2022 年 7 月　第 1 次印刷
书　　号：ISBN 978-7-114-18063-7
定　　价：70.00 元

（有印刷、装订质量问题的图书，由本公司负责调换）

中华人民共和国交通运输部

公 告

第 38 号

交通运输部关于发布
《公路沉管隧道设计规范》的公告

现发布《公路沉管隧道设计规范》（JTG/T 3371-01—2022），作为公路工程行业推荐性标准，自 2022 年 11 月 1 日起施行。

《公路沉管隧道设计规范》（JTG/T 3371-01—2022）的管理权和解释权归交通运输部，日常解释和管理工作由主编单位中交公路规划设计院有限公司负责。

请各有关单位注意在实践中总结经验，及时将发现的问题和修改建议函告中交公路规划设计院有限公司（地址：北京市东城区东四前炒面胡同 33 号，邮政编码：100010），以便修订时研用。

特此公告。

中华人民共和国交通运输部
2022 年 6 月 28 日

交通运输部办公厅　　　　　　　　　　　　　　　2022 年 7 月 4 日印发

前　言

根据《交通运输部关于下达2018年度公路工程行业标准制修订项目计划的通知》（交公路函〔2018〕244号），由中交公路规划设计院有限公司作为主编单位承担《公路沉管隧道设计规范》（JTG/T 3371-01—2022）（以下简称"本规范"）的制定工作。

编写组调研和收集了国内外沉管隧道相关资料，参考了科研成果，吸收了建设经验，借鉴了国内外相关标准规范，在此基础上以多种方式广泛征求了全国相关单位和专家的意见，对主要问题进行了反复修改，最终完成了本规范的编制工作。

本规范包括17章和1个附录，主要内容包括：1 总则，2 术语和符号，3 基本规定，4 调查与勘测，5 材料，6 总体设计，7 管节结构，8 基槽、地基与基础、回填，9 衔接段，10 分析计算，11 耐久性设计，12 管节舾装设施，13 路面与排水系统，14 附属构造，15 交通工程与附属设施，16 结构监测，17 风险分析，附录A 双层钢板-混凝土组合结构的计算。

请各有关单位在执行过程中，将发现的问题和意见，函告本规范日常管理组，联系人：李会驰（地址：北京市东城区东四前炒面胡同33号，邮政编码：100010，电子邮箱：sssohpdi@163.com），以便修订时研用。

主 编 单 位：中交公路规划设计院有限公司
参 编 单 位：招商局重庆交通科研设计院有限公司
　　　　　　港珠澳大桥管理局
　　　　　　深中通道管理中心

主　　　　编：刘晓东
主要参编人员：刘洪洲　李会驰　张志刚　黄清飞　吴梦军　李宏哲
　　　　　　吕勇刚　陈伟乐　宋神友　刘　帅　孙耀宗　王　民

主　　　　审：陈　鸿
参与审查人员：王　太　张建军　陈　冉　李伟平　徐　光　程　勇
　　　　　　拓勇飞　陈韶章　贺维国　李春风　陈　越　杨秀军
　　　　　　刘亚平　白　云　魏立新　邢永辉　梁　桁　冯先导
　　　　　　宋二祥　丁文其　沈永芳　刘学增

参 加 人 员：姬 海 邓 斌 张 琦 潘 勇 那通兴 徐从杰

目　次

1 总则 ··· 1
2 术语和符号 ·· 2
　2.1 术语 ·· 2
　2.2 符号 ·· 4
3 基本规定 ··· 7
4 调查与勘测 ··· 9
　4.1 一般规定 ··· 9
　4.2 调查 ·· 10
　4.3 勘测 ·· 11
5 材料 ··· 13
6 总体设计 ··· 15
　6.1 一般规定 ··· 15
　6.2 隧道位置 ··· 15
　6.3 平纵线形 ··· 15
　6.4 横断面布置 ··· 16
　6.5 沉管段布置 ··· 17
　6.6 防灾救援 ··· 18
　6.7 施工筹划 ··· 18
7 管节结构 ··· 20
　7.1 一般规定 ··· 20
　7.2 主体结构 ··· 22
　7.3 接头设计 ··· 26
　7.4 防水设计 ··· 32
8 基槽、地基与基础、回填 ·· 35
　8.1 一般规定 ··· 35
　8.2 基槽 ·· 35
　8.3 地基与基础 ··· 38
　8.4 回填 ·· 42
9 衔接段 ··· 44
10 分析计算 ··· 46
　10.1 一般规定 ··· 46

  10.2 作用及作用组合 ·········· 48
  10.3 持久状况的分析计算 ·········· 52
  10.4 偶然状况和地震状况的分析计算 ·········· 54
  10.5 短暂状况的分析计算 ·········· 56

11 耐久性设计 ·········· 58

12 管节舾装设施 ·········· 62

13 路面与排水系统 ·········· 67
  13.1 路面 ·········· 67
  13.2 排水系统 ·········· 68

14 附属构造 ·········· 72
  14.1 一般规定 ·········· 72
  14.2 逃生通道 ·········· 72
  14.3 防火保护 ·········· 72

15 交通工程与附属设施 ·········· 74
  15.1 一般规定 ·········· 74
  15.2 交通安全设施 ·········· 74
  15.3 通风设施 ·········· 76
  15.4 照明设施 ·········· 77
  15.5 消防给水和灭火设施 ·········· 78
  15.6 供配电设施 ·········· 79
  15.7 中央控制管理系统及监控设施 ·········· 80

16 结构监测 ·········· 82

17 风险分析 ·········· 87

附录A 双层钢板-混凝土组合结构的计算 ·········· 91

本规范用词用语说明 ·········· 98

1 总则

1.0.1 为规范和指导公路沉管隧道设计，制定本规范。

1.0.2 本规范适用于以沉管法施工的新建公路水下隧道。

1.0.3 沉管隧道设计应遵循安全、适用、耐久、经济、绿色的基本原则。

条文说明

沉管隧道需保证施工和使用期间的结构安全与运营安全，满足公路基本功能，提供相对舒适的行车环境，保障在设计使用年限内的耐久性，节省施工期建设成本和使用期养护费用，利于生态环保与节能降耗，实现全寿命周期成本最优。

1.0.4 沉管隧道应统筹开展土建工程、交通工程与附属设施的综合设计。

条文说明

沉管隧道设计涉及专业较多。在土建工程方面，需要考虑沉管段与衔接段隧道结构、基槽、地基与基础、回填、路面与排水系统、管节舾装设施、附属构造等；在交通工程与附属设施方面，需要考虑交通安全、通风、照明、消防给水和灭火、供配电等设施。要综合考虑各专业之间的相互影响，统筹处理各系统之间的关系。

1.0.5 沉管隧道设计应贯彻国家有关技术经济政策，积极稳妥地采用新技术、新材料、新设备与新工艺。

1.0.6 沉管隧道设计除应符合本规范的规定外，尚应符合国家和行业现行有关标准的规定。

2 术语和符号

2.1 术语

2.1.1 沉管隧道 immersed tunnel
将若干预制完成的基本结构单元通过浮运、沉放、对接形成的水下隧道。

2.1.2 沉管段 immersed-tube section
所有管节连接起来形成的隧道段。

2.1.3 衔接段 approach section
与沉管段两端相连接的隧道段。

2.1.4 管节 element
一次或分次预制完成，可实施浮运、沉放、水下对接组成沉管隧道的基本结构单元。

2.1.5 钢壳混凝土管节 composite steel-concrete element
采用双层钢板-混凝土组合结构的管节。

2.1.6 双层钢板-混凝土组合结构 double-steel-shell concrete composite structure
内层与外层钢面板之间按一定规则设置隔板和加劲肋，并与内部填充的无筋混凝土形成协同受力的结构。

2.1.7 节段式管节 segmental element
由不连续的节段通过可变形接头连接组成的管节。

2.1.8 节段 segment
组成节段式管节的结构单元。

2.1.9 管节接头 element joint
管节与管节、管节与衔接段之间的连接结构。

2.1.10 节段接头　segment joint
节段与节段之间的连接结构。

2.1.11 最终接头　closure joint
实现沉管隧道贯通的连接结构。

2.1.12 钢端壳　steel end frame
管节或衔接段端头用于 GINA 止水带与 Ω 止水带安装或对接的钢构件。

2.1.13 GINA 止水带　GINA gasket
安装于管节接头处的压缩式防水专用橡胶制品。

2.1.14 Ω 止水带　OMEGA seal
安装于管节接头或节段接头处的可更换式防水专用橡胶制品。

2.1.15 限位装置　displacement restrictor
设于管节接头，用于限制管节间或管节与衔接段间纵向位移的构件。

2.1.16 剪力键　shear key
设于管节接头或节段接头，用于限制管节（节段）间或管节与衔接段间水平向和竖向位移的构件。

2.1.17 干舷　freeboard
管节在寄放、系泊、浮运过程中，其顶面高出吃水线的竖向距离。

2.1.18 基槽　trench
用于埋置隧道的条形水下基坑。

2.1.19 先铺法　pre-bedding method
管节沉放对接前先行完成基础垫层的施工方法。

2.1.20 后填法　post-filling method
管节沉放对接后完成基础垫层的施工方法。

2.1.21 回填　backfill
管节沉放对接后，采用碎石或其他材料在管节两侧和上部形成的填筑体。

2.1.22 水下护坦 scour protection layer
采用块石等材料填筑,用于保护露出河(海)床沉管结构的水中构筑物。

2.1.23 干坞 dry dock
用于管节预制的场地。

2.1.24 压载水装置 ballast system
调整管节起浮、浮运、沉放过程中压载水所采用的临时设施。

2.1.25 端封墙 bulkhead
为浮运、沉放和安装管节,在管两端设置的临时封闭结构。

2.1.26 导向装置 guide system
为安装管节,位于管节端部、用于引导管节安装的装置。

2.1.27 拉合装置 pulling bracket
为安装管节,实现管节初始压接的装置。

2.1.28 舾装 outfitting
管节浮运、沉放所需临时设施及设备的安装作业。

2.1.29 浮运 towing
管节预制完成后,浮于水面,将其拖运到指定位置的过程。

2.1.30 沉放 immersion
管节下沉至指定位置的过程。

2.1.31 对接 connection
管节与管节或管节与衔接段间进行拉合及水力压接的过程。

2.2 符号

2.2.1 材料性能

C_{ei}——第 i 层土的回弹再压缩指数;
D_{RCM}——氯离子扩散系数;
DF——混凝土抗冻性的耐久性指数;
E_i——第 i 层基础垫层的变形模量;

e_{0i}——第 i 层土的初始孔隙比；
f_k——材料的强度标准值。

2.2.2　几何参数

a_d——几何参量的设计值；
B——基槽设计底宽；
B_t——管节底宽；
b——管节单侧预留量；
H——基槽设计底高程；
H_a——测试水深；
h——运营期最大水深；
h_c——基础垫层厚度；
h_d——管节底板底面高程；
h_t——考虑基槽底竖向欠挖的预留量；
L_1——净空断面顶部与建筑限界之间最小间距；
L_2——净空断面侧面与建筑限界之间最小间距；
L_3——净空断面底部与建筑限界之间最小间距；
T——考虑基槽底水平向欠挖的预留量；
ΔH_i——第 i 层基础垫层、土的厚度。

2.2.3　作用与作用效应

A_d——偶然作用的设计值；
C——应力、变形、裂缝等限值；
G_{ik}——第 i 个永久作用的标准值；
p_{0i}——第 i 层土的初始自重应力；
Q_{1k}，Q_{jk}——第 1 个和第 j 个可变作用的标准值；
$R_d(\cdot)$——结构或构件的承载力设计值函数；
S——基础总沉降量；
S_{ad}——作用偶然组合的效应设计值；
S_c——基础垫层压缩量；
S_d——作用组合的效应设计值；
$S_{d,dst}$——上浮不平衡作用的效应设计值；
$S_{d,std}$——抗浮稳定作用的效应设计值；
S_{fd}——作用频遇组合的效应设计值；
S_{qd}——作用准永久组合的效应设计值；
S_r——地基土层回弹再压缩沉降量；
S_s——地基土层的次固结沉降量；

S_{ud}——作用基本组合的效应设计值；

$S(\cdot)$——作用组合的效应函数；

Δp_i——第 i 层土的平均附加应力增量；

Δp——作用在基础垫层上的附加应力。

2.2.4 计算参数

K——泡沫-水喷雾灭火系统安全系数；

Q_j——泡沫-水喷雾灭火系统的计算流量；

Q_s——泡沫-水喷雾灭火系统的设计流量；

γ_0——结构重要性系数；

γ_F——抗浮安全系数；

γ_{Gi}——第 i 个永久作用的分项系数；

γ_{L1}，γ_{Lj}——结构设计使用年限荷载调整系数；

γ_m——材料性能的分项系数；

γ_{Q1}，γ_{Qj}——第 1 个和第 j 个可变作用的分项系数；

ψ_c——可变作用的组合值系数；

ψ_{f1}——第 1 个可变作用的频遇值系数；

ψ_{q1}，ψ_{qj}——第 1 个和第 j 个可变作用的准永久值系数。

3 基本规定

3.0.1 沉管隧道结构和设施应能承受在施工和使用期间规定的各种作用，满足规定的使用要求和耐久性要求。

3.0.2 沉管隧道结构的设计使用年限不应低于表 3.0.2 的规定。

表 3.0.2 沉管隧道结构的设计使用年限

类别	主体结构	可更换、修复构件
设计使用年限（年）	100	30

3.0.3 主体结构的安全等级应取一级，可更换、修复构件的安全等级宜取二级。

条文说明

《公路工程结构可靠性设计统一标准》（JTG 2120—2020）规定，结构的设计使用年限考虑设计、施工和维护的难易程度，以及结构一旦失效所造成的经济损失、社会与环境影响来确定；结构的安全等级根据其破坏可能产生后果的严重性来划分。

沉管隧道的主要结构构件按主体结构与可更换、修复构件划分，见表 3-1。

表 3-1 主体结构与可更换、修复构件一览表

结构构件			主体结构	可更换、修复构件
管节	管节接头	隧道结构	√	
		GINA 止水带及其紧固件与预埋件	√	
		Ω 止水带及其紧固件	√	√
		钢端壳	√	
		剪力键及其预埋件	√	
	节段接头	中埋式钢边橡胶止水带	√	
		Ω 止水带及其紧固件	√	√
		剪力键及其预埋件	√	
衔接段隧道结构			√	
基础			√	

续表 3-1

结构构件		主体结构	可更换、修复构件
附属构造	服务管廊内隔板、隔墙		√
	管沟、盖板等		√
	装饰板、防火板等		√
	其他永久性预埋件	√	

注：未列出构件视实际情况确定其更换、修复的难易程度。

3.0.4 沉管隧道的抗震设防类别应取 A 类。

条文说明

抗震设防类别按《公路隧道抗震设计规范》（JTG 2232—2019）的规定划分。

3.0.5 管节的抗浮安全系数应符合表 3.0.5 的规定。

表 3.0.5 管节的抗浮安全系数

序号	阶 段	抗浮安全系数 γ_F	设计状况
1	沉放、对接	$1.02 \geq \gamma_F \geq 1.01$	短暂状况
2	对接完成后	$\gamma_F \geq 1.05$	短暂状况
3	压舱混凝土置换完成后	$\gamma_F \geq 1.06$	短暂状况
4	使用	$\gamma_F \geq 1.15$	持久状况

条文说明

管节的抗浮安全系数按本规范第 10.1.5 条的规定验算。在沉放、对接阶段，管节的抗浮稳定性验算用于控制管节的负浮力；在其他阶段，管节的抗浮稳定性验算用于保证管节的施工与使用安全。

3.0.6 沉管隧道的防水等级不应低于二级。

条文说明

防水等级按现行《地下工程防水技术规范》（GB 50108—2008）的规定划分。

3.0.7 沉管隧道的交通工程与附属设施分级应划分为 A^+、A、B、C、D。

4 调查与勘测

4.1 一般规定

4.1.1 沉管隧道应根据不同工作阶段的任务、目的与要求,结合项目特点,采用调查及勘测等手段,全面反映工程区域的建设条件。

条文说明

可行性研究阶段,以了解项目大范围全貌为目的,以搜集分析既有资料、现场踏勘为主,并辅以必要的现场测绘,需要对制约性因素给出可靠的结论,为项目选址、路线及方案比选提供基础资料。初步设计阶段,对隧道沿线进行初步调查并开展必要的测绘与勘察工作,查明隧道设计的控制性条件,为沉管隧道设计提供基本资料。施工图设计阶段,采用以钻探验证与测试为主的综合勘测方法,为施工图设计提供详尽的、高精度的基础资料。各阶段需相互衔接,前阶段的成果在后阶段得到充分利用。

4.1.2 调查与勘测的主要内容及采用手段宜符合表4.1.2的规定。

表4.1.2 调查与勘测的主要内容及采用手段

主要内容	项目	阶段			手段					
					调查		勘测			
		可行性研究	初步设计	施工图设计	资料搜集	现场调查	测量观测	地质调绘	物探	勘探
现状与规划	城镇建设、道路交通、港口码头、航道运输、堤岸防护等	航道的现状、规划	√	√		△	△				
		码头、堤岸及锚地的情况	√	√		△	△				
		施工时可临时封闭的水域和时间		○	√	△	△				
		沿线净空限制或航空限高状况	√	√		△	△				
地形地质	地形、地貌、工程地质、水文地质等	水底地形、区域水深	√	√	○	△	△	△			
		地层划分、地质条件与设计参数,不良地质分布	√	√	√	△	△		△	△	△
		区域地震历史、抗震设防烈度、设计地震参数	√	√		△	△				

续表 4.1.2

主要内容	项目	可行性研究	初步设计	施工图设计	资料搜集	现场调查	测量观测	地质调绘	物探	勘探
水文（水位、波浪、流速、流向、流量、泥沙、水温、重度与盐度等）	水位、流速、重度的最大值、最小值、平均值	√	√		△	△	△			
	波高、周期、波向、水温及盐度	√	√		△	△	△			
气象（风速、风向、能见度、气温、湿度、降水量等）	风速、气温、降水量的极端值	√	√	○	△	△	△			
	灾害性天气	√	√	○	△	△				
环境条件	生态环保	大气环境、废气排放要求、隧道外部环境亮度、噪声控制要求等	√	√		△	△				
		弃土、取土等生态环保要求	√	√		△	△				
施工条件（沿线建（构）筑物、场地、供水供电、建筑材料来源与供应、装备和机械等）	沿线地面、地下与水下的建（构）筑物、管线、文物、军事设施、危险爆炸物等分布	√	√	√	△	△		△		
	供配电、给排水	√	√	○	△	△				
	干坞、管节系泊及浮运区域等场地情况	√	√		△	△		△	△	
	建筑材料、施工装备与机械	√	√		△	△				
其他	防洪标准、河道整治、河（海）势变化	√	√	○	△	△				

注："√"为必须开展的项目，"○"为选择开展的项目，"△"为推荐采用的手段。

4.1.3 当通过调查与勘测手段获得的资料不能满足设计要求时，宜开展专项研究。

4.2 调查

4.2.1 资料搜集与现场调查应符合表 4.1.2 的规定，结合项目特点与规模，确定其内容、范围、深度与采用的手段。

条文说明

调查是与勘测工作相互补充的一项基础性重要工作，包括项目实施相关的现状与规划资料、地质、水文、气象、环境与施工条件等，具体的调查内容、范围、深度与采用的手段需根据隧道工程实际的特点、规模及工作阶段确定。

4.2.2 搜集与现场调查的资料应全面、准确且符合时效性，并满足沉管隧道设计的具体要求。

4.2.3 应通过现场踏勘核实搜集资料的准确性，发现实际情况与已搜集资料不符时及时进行修正。

4.3 勘测

4.3.1 勘测包括水下与陆域的地形测量、水文气象观测、地质调绘、物探、勘探等，勘测成果应能满足沉管隧道及其大型临时工程设计的需要。

4.3.2 水下地形测量应与陆域地形测量互相衔接，并应符合下列规定：
1 在可行性研究阶段，水下地形宜以搜集既有资料和现场调查为主。地形图的范围不应小于隧道轴线两侧各1.0km，比例尺宜取1:50 000～1:10 000。
2 初步设计阶段的测绘范围不宜小于隧道轴线两侧各0.5km，比例尺宜取1:2 000～1:500。
3 施工图设计阶段的测绘范围不宜小于隧道轴线两侧各0.5km，比例尺宜取1:500。
4 地形测量应涵盖可能受隧道建设影响的建（构）筑物及地下管线、浮运区、系泊区等。

4.3.3 根据项目需要，可在隧址区设水文、气象观测站，或开展专项观测。水文、气象观测的技术要求应符合现行《水运工程水文观测规范》（JTS 132）的规定。

4.3.4 地质调绘的范围不宜小于路线两侧各1.0km。不良地质、地质条件复杂地段应扩大调绘范围。

4.3.5 物探应符合下列规定：
1 在可行性研究阶段，物探应以轴线探测为主，重要地段可辅以必要的横断面探测。
2 在初步设计阶段与施工图设计阶段，物探应以网格状探测为主。
3 水域段的物探宽度不应小于结构边线外侧150m，陆域段的物探宽度不应小于结构边线外侧100m。

4.3.6 勘探应符合下列规定：
1 勘探孔的布置宜符合表4.3.6的规定。

表 4.3.6 勘探孔的布置要求

阶段	布 置	间距（m）		
		简单场地	中等场地	复杂场地
可行性研究	勘探孔总数量不宜少于2个，且沿线每一地貌单元及工法分段不应少于1孔	400~600	300~500	200~300
初步设计	地质条件复杂隧道的勘探孔总数不应少于5个，且沿线每一地貌单元及工法分段不应少于1孔	150~200	100~150	75~100
施工图设计	每个管节不应少于1个勘探孔，并能反映管节横向地质变化	50~75	35~50	25~35

注：1. 勘探孔可采用梅花形布设方式。
    2. 符合下列条件之一即为简单场地：基槽位于均匀分布的非淤泥质土地层，且基槽开挖深度小于15m；基础位于均匀分布的非淤泥质土地层（土层为正常固结或超固结土）。
    3. 符合下列条件之一即为复杂场地：基槽位于淤泥质土厚度大于10m的地层，或起伏变化较大、空间分布复杂地层，或基槽开挖后存在滑塌风险的地层；基础位于淤泥质地层，或岩溶区地层，或风化深槽区域，或其他起伏变化较大、空间分布复杂的地层。
    4. 中等场地为介于简单场地与复杂场地之间的其他情况。

2 在软土地层中，宜增大静力触探孔的应用比例，并布置满足静力触探测试验证要求的钻孔。

3 在松散地层中，一般性勘探孔深度不应小于隧道底板以下1.5倍管节高度，控制性勘探孔深度不应小于隧道底板以下2.5倍管节高度。

4 在中等风化及微风化基岩中，一般性勘探孔深度不应小于隧道底板以下0.5倍管节高度，控制性勘探孔深度不应小于隧道底板以下1倍管节高度，遇岩溶及不良地层时应穿透并根据需要加深钻孔。

5 在可行性研究及初步设计阶段，应布置不少于25%的控制性勘探孔。

6 土工试验应根据沉管隧道沉降计算工况，考虑取样深度土体的应力变化等因素，按现行《土工试验方法标准》（GB/T 50123）的规定开展。

条文说明

本条规定了工程可行性研究、初步设计与施工图设计三个阶段的勘探孔布置要求，技术设计阶段需根据实际情况进一步分析。

第2款中软土地层是指强度低、压缩性高的软弱地层，包括软黏性土、淤泥质土与淤泥。

沉管隧道变形量主要发生在松散地层，对于非淤泥质地层的沉管基底，1.5~2.5倍管节高度以下的地层沉降占沉管总沉降量的比例很小。

沉管隧道沉降计算的工况与施工工序密切相关，包括开挖卸载与再加载的过程，其中土样固结试验需要在相关应力水平按与沉管隧道施工作业相匹配的荷载变化路径进行。

4.3.7 干坞、寄放区及浮运航道等大型临时工程应按设计需要开展勘测工作，勘测范围、勘探孔间距及深度应依据使用功能、地质及环境条件等因素综合确定。

5 材料

5.0.1 沉管隧道的工程材料应根据结构类型、受力条件、施工工艺、使用要求和所处环境等因素选用，并应满足可靠性和经济性要求。

5.0.2 混凝土应符合下列规定：
1 混凝土的原材料选用及配合比、强度等级、抗冻性能、抗渗等级应满足耐久性设计与防水设计要求。
2 主体结构用混凝土强度等级应符合表5.0.2的规定。

表5.0.2 主体结构用混凝土强度等级

主体结构类型		混凝土强度等级
钢筋混凝土结构	现浇结构	不低于C35
	预制结构	不低于C40
双层钢板-混凝土组合结构		不低于C45

5.0.3 普通钢筋应符合下列规定：
1 普通钢筋宜选用HPB300、HRB400、HRB500钢筋，其中HPB300钢筋的技术要求应符合现行《钢筋混凝土用钢 第1部分：热轧光圆钢筋》（GB 1499.1）的规定，HRB400、HRB500钢筋的技术要求应符合现行《钢筋混凝土用钢 第2部分：热轧带肋钢筋》（GB 1499.2）的规定。
2 按构造要求配置的钢筋网可采用冷轧带肋钢筋，其技术要求应符合现行《冷轧带肋钢筋》（GB 13788）的规定。

5.0.4 预应力钢绞线的抗拉强度标准值不应小于1 860MPa，其技术要求应符合现行《预应力混凝土用钢绞线》（GB/T 5224）的规定。

5.0.5 钢结构应符合下列规定：
1 钢材宜选用Q235、Q355、Q390、Q420钢材，其质量等级应符合现行《钢结构设计标准》（GB 50017）的规定，其中Q235钢材的技术要求应符合现行《碳素结构钢》（GB/T 700）的规定，Q355、Q390、Q420钢材的技术要求应符合现行《低合金高强度结构钢》（GB/T 1591）的规定。

2 圆柱头焊钉的技术要求应符合现行《电弧螺柱焊用圆柱头焊钉》(GB/T 10433)的规定。

3 紧固件宜采用性能等级不低于5.6级的普通螺栓，其技术要求应符合现行《钢结构设计标准》(GB 50017)的规定。

4 焊接材料、锚栓应与母体钢材相匹配。

5.0.6 钢端壳内注浆材料宜采用无收缩水泥砂浆，水泥砂浆的抗压强度不应低于管节主体结构的混凝土抗压强度。

条文说明

水泥砂浆抗压强度采用标准养护28d的40mm×40mm×160mm试件，按现行《水泥胶砂强度检验方法（ISO法）》(GB/T 17671)规定的方法进行检验。

5.0.7 GINA止水带、Ω止水带、中埋式钢边橡胶止水带的技术要求应符合现行《高分子防水材料 第2部分：止水带》(GB 18173.2)的规定。

5.0.8 防水用水泥砂浆、卷材、涂料的技术要求应符合现行《地下工程防水技术规范》(GB 50108)的规定。

5.0.9 行车孔装饰材料应符合下列规定：

1 侧墙装饰材料宜采用高强、防火、防水、耐腐蚀、耐洗刷、易清洗、耐久性好的材料。

2 装饰材料在日常使用及高温下不应分解出有毒、有害气体。

6 总体设计

6.1 一般规定

6.1.1 总体设计应包括隧道位置、平纵线形、横断面布置、沉管段布置、防灾救援、施工筹划等内容。

6.1.2 总体设计应遵循下列原则：
1 符合工程影响区域内的路网、航道、岸线等规划。
2 满足管节预制及浮运安装等工艺要求。
3 满足行车安全舒适、运维便捷经济、防灾救援高效的运营功能要求。

6.2 隧道位置

6.2.1 沉管隧道位置宜选在河势稳定、河（海）床平缓等地段。水文条件窗口期应满足管节浮运、沉放施工作业的要求。

6.2.2 沉管隧道位置应避免穿越地质或环境条件极为复杂的区域，以及对环境敏感的建（构）筑物；不能避免时，应进行专项论证并采取有效应对措施。

条文说明

地质条件极为复杂主要是指活动断裂带、震陷、液化、滑坡、泥石流等。

6.2.3 沉管隧道位置应便于两岸衔接段布设，减少对驳岸、码头等既有建（构）筑物的不良影响。

6.3 平纵线形

6.3.1 沉管隧道平纵线形技术指标应符合现行《公路隧道设计规范 第一册 土建工程》（JTG 3370.1）的规定。

6.3.2 沉管段平面线形应符合下列规定：

1 沉管段宜采用直线线形。

2 当沉管段位于圆曲线或缓和曲线时，应根据平面线形控制条件，结合施工工艺确定合理的线形指标及曲线起终点位置。

条文说明

沉管段处于平曲线时，会对管节预制、碎石垫层整平、管节浮运安装等施工产生不利影响，曲线段管节浮运安装时横向、纵向平衡及姿态控制难度较大。部分工程的沉管段圆曲线半径见表6-1。

表 6-1 部分工程的沉管段圆曲线半径

隧道名称	上海外环隧道	天津海河隧道	港珠澳大桥海底隧道	深中通道沉管隧道	大连湾海底隧道
圆曲线半径（m）	1 200	1 500	5 500	5 000	1 050

6.3.3 沉管段纵面线形应符合下列规定：

1 纵面线形应满足通航尺度、冲刷深度、防锚击深度等要求，利于纵向排水及减少基槽开挖量。

2 沉管段护面层应位于100年重现期的预测冲刷包络线以下；不能满足时，应开展专项论证。

6.4 横断面布置

6.4.1 横断面宜采用矩形断面或类矩形断面，其形式与布置应根据功能分区、建筑限界、结构受力等要求经综合比选确定。

条文说明

管节横断面一般采用矩形断面，也有采用侧墙顶部带折角的类矩形断面的。

国内外沉管隧道横断面多为两孔一管廊或两孔形式。为满足公轨（铁）合建或其他需求，也有采用两孔多管廊或多孔多管廊形式的。

6.4.2 行车孔主体结构净空断面（图6.4.2）除应满足建筑限界要求外，其构造尺寸尚应考虑下列因素：

1 净空断面顶部与建筑限界之间最小间距 L_1 应根据设施设备安装空间、竖曲线影响值、顶板变形、施工误差及相邻管节允许竖向错台、基础沉降、设施设备与建筑限界的最小净距、干舷计算等因素确定，设施设备与建筑限界的最小净距宜取 150~200mm。

2 净空断面侧面与建筑限界之间最小间距 L_2 应根据平曲线影响、防火及装饰构件布置空间、施工误差及相邻管节允许横向错台等因素确定，不宜小于150mm。

3 净空断面底部与建筑限界之间最小间距 L_3 应根据抗浮需求所设置压舱层厚度、路面厚度、横坡影响、超高及调坡要求等因素确定。

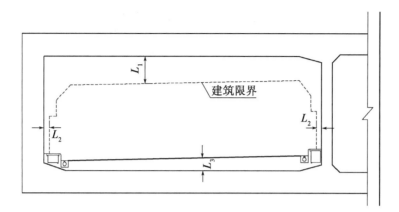

图 6.4.2 行车孔净空断面

L_1-净空断面顶部与建筑限界之间最小间距；L_2-净空断面侧面与建筑限界之间最小间距；L_3-净空断面底部与建筑限界之间最小间距

条文说明

对于曲线段管节，净空断面侧面与建筑限界之间最小间距 L_2 需在直线段管节的基础上，根据曲线指标、预制工艺水平确定合理值。

6.4.3 服务管廊净空断面应符合下列规定：
1 服务管廊可布置管线通道、排烟道、逃生通道。
2 管线通道尺寸应满足管线电缆布置及其日常检修要求。
3 排烟道尺寸规格应满足排烟要求，便于检修维护。
4 逃生通道断面建筑限界应满足设计要求。

6.5 沉管段布置

6.5.1 沉管段与衔接段的分界位置选择宜使管节结构顶板顶面高程低于施工期最低水位，并应满足管节水力压接要求。

6.5.2 沉管段管节划分应遵循标准化、模数化原则，综合考虑平纵线形、地质条件、干坞条件、浮运沉放装备与工艺、施工工期等因素，合理确定管节数量与长度。

条文说明

管节按标准化、模数化划分，有助于实现标准作业、提升工程建设的质量和工效。管节长、数量少，有利于缩短施工工期，但管节纵向受力会增大，对干坞场地、施工设备、浮运航道等提出更高要求，浮运安装风险和难度增大，需综合考虑并合理确定管节数量与长度。

部分沉管隧道的沉管段布置见表6-2。

表6-2 部分沉管隧道的沉管段布置

隧道名称	沉管段长度（m）	结构类型	长度（m）	数量
广州珠江隧道	457		90～120	5
宁波甬江隧道	420		80～85	5
宁波常洪隧道	395		95～100	4
上海外环隧道	736		100～108	7
广州仑头隧道	277		55～78	4
广州官洲隧道	214		94～116	3
天津海河隧道	255	钢筋混凝土管节	85	3
广州洲头咀隧道	340		85	4
南昌红谷隧道	1 329		90～115	12
港珠澳大桥海底隧道	5 664		112.5～180	32
佛山东平隧道	445		105～115	4
大连湾海底隧道	3 035		135～180	18
襄阳鱼梁洲隧道	1 011		120.5	12
深中通道沉管隧道	5 035	钢壳混凝土管节	123.8～165	33

6.5.3 标准管节长度应根据纵向结构形式、预制浮运沉放条件、工期计划等因素确定，整体式管节长度不宜超过130m，节段式管节长度不宜超过180m。

6.5.4 最终接头的布置应根据管节安装顺序、水深条件、结构方案、施工工艺、装备能力等因素确定。

6.6 防灾救援

6.6.1 防灾救援应遵循预防为主、防救并重、以人为本、快速疏散的原则。

6.6.2 逃生通道设置、安全疏散时间、防灾救援机制等要求应符合现行《公路水下隧道设计规范》（JTG/T 3371）的规定。

6.7 施工筹划

6.7.1 施工筹划应符合现行《公路水下隧道设计规范》（JTG/T 3371）的规定，统筹确定干坞、浮运航道、管节浮运安装等总体方案。

6.7.2 干坞的类型、布置及规模应与管节预制工艺相匹配，便于原材料等生产生活资源的组织，以及管节的舾装、系泊与出运。

条文说明

国内沉管隧道采用的干坞类型主要有轴线干坞（如广州珠江隧道、宁波甬江隧道、天津海河隧道、广州洲头咀隧道、襄阳鱼梁洲隧道等）、固定干坞（如上海外环隧道、南昌红谷隧道等）、工厂法干坞（如港珠澳大桥海底隧道）、移动干坞（如广州仑头隧道）。

6.7.3 浮运航道规划应综合考虑干坞位置、管节出坞条件及航路状况等因素，满足管节的浮运与转向作业安全要求，并充分利用既有航道及隧道基槽。

6.7.4 管节浮运安装方案应综合考虑工期要求、管节结构、航道条件与航路状况、水文地质等因素，满足施工安全、对接精度控制等要求，合理确定施工工序、工艺与装备。

7 管节结构

7.1 一般规定

7.1.1 管节结构设计除应满足使用功能、结构安全耐久要求外，尚应满足施工及运营养护等要求。

7.1.2 管节结构设计应包含管节横截面尺寸、结构类型及纵向结构形式、接头类型、主体结构与接头的承载能力及构造要求、防水措施等内容。

条文说明

管节结构设计的内容和需考虑的因素较多，是一个反复动态调整的过程（图7-1）。在具体设计过程中，需根据实际情况对管节结构设计流程进行适当调整或简化。

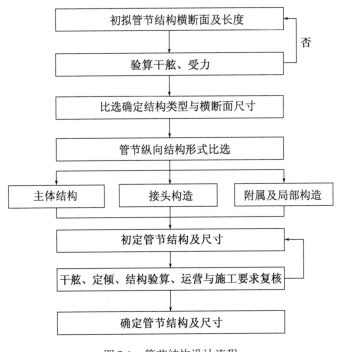

图7-1 管节结构设计流程

7.1.3 管节结构的横断面设计应符合下列规定：
1 管节结构横断面尺寸宜统一。

2 管节结构受力应满足施工阶段和使用阶段的强度、刚度、稳定性要求。
3 浮运状态下管节干舷宜控制在10~30cm。

条文说明

部分沉管隧道沿管节纵向将射流风机安装位置的横断面局部加高，形成纵向壁龛式结构，需要注意管节在纵向上的整体重心平衡。

沉管段存在曲线变宽管节时，需采取工程措施进行总体平衡调节，实现重心和浮心在同一竖平面。

标准矩形断面的干舷按式（7-1）估算：

$$H_b = H - \frac{W_s + W_f}{B \cdot l \cdot \gamma_w} \tag{7-1}$$

式中：H_b——管节干舷（m）；
　　　H——管节设计高度（m）；
　　　B——管节设计宽度（m）；
　　　l——管节长度（m）；
　　　W_s——管节自重（kN）；
　　　W_f——舾装件重量（kN）；
　　　γ_w——水体重度（kN/m³）。

精确计算干舷时，还需要考虑端封墙与管节纵向端部之间排水体积、管节预制尺寸误差、管节侧墙顶部折角等因素的影响。

7.1.4 管节结构类型可采用钢筋混凝土管节、钢壳混凝土管节。结构类型的选择应考虑结构受力与防水、管节预制、运营维护、造价、工期等因素。

条文说明

国内外已建成的沉管隧道多为钢筋混凝土管节，其中极少量工程设置了横向预应力，如古巴哈瓦那沉管隧道。

钢壳混凝土管节于20世纪90年代开始在日本得到较广泛应用，1989年开工建设的大阪咲洲隧道首次应用，之后陆续建设了神户港港岛隧道、衣浦港隧道、大阪梦洲隧道、北九州新若户隧道、东京港临港道路南北线海上隧道。钢壳混凝土管节采用工厂制作的空钢壳在隧址附近浮态浇筑混凝土，用于解决无合适的干坞用地问题。国内在港珠澳大桥海底隧道最终接头开始应用钢壳混凝土管节，在深中通道沉管隧道全面应用，主要解决受力复杂及钢筋混凝土管节配筋多引起的混凝土浇筑质量与防水性能难以保证等方面的问题。

7.1.5 管节接头宜采用柔性接头，并应满足接头受力及防水要求。

条文说明

沉管隧道大部分采用柔性接头，通过压接 GINA 止水带实现柔性连接，并设置竖向和水平向剪力键实现管节间的限位与传力。

国外也有极少数案例，考虑抗震要求，在管节沉放完成后，对管节接头进行混凝土浇筑或钢板连接实现刚接的案例，如土耳其博斯普鲁斯海峡沉管隧道。

7.1.6 管节可采用整体式、节段式、半刚性纵向结构形式，纵向结构形式的选择应考虑受力条件、管节长度、结构安全与防水、施工工艺、造价等因素。

条文说明

国外第一条沉管隧道采用的是整体式管节，整体式管节也是目前沉管隧道应用最多的管节纵向结构形式。

为了控制混凝土浇筑早期裂缝，同时降低管节纵向受力、加大管节长度，荷兰科恩隧道（Coen Tunnel）首次成功采用节段式管节，后续在欧洲，尤其是荷兰有较多采用，厄勒海峡隧道（Øresund Tunnel）、韩国釜山沉管隧道（Busan Tunnel）等 10 余座隧道采用了这类结构。

管节采用半刚性纵向结构形式，既能降低结构纵向受力，又能增强节段接头刚度和防水性能，港珠澳大桥海底隧道是首次应用这种形式。

7.1.7 管节主体结构设计应考虑管节舾装设施、附属构造、交通工程与附属设施的预留预埋等要求。

7.2 主体结构

7.2.1 钢筋混凝土管节的基本构造要求应符合现行《公路钢筋混凝土及预应力混凝土桥涵设计规范》（JTG 3362）、《公路隧道抗震设计规范》（JTG 2232）的规定。

7.2.2 钢壳混凝土管节的基本构造要求应符合下列规定：
1 钢壳混凝土管节应采用双层钢板-混凝土组合结构。
2 钢壳混凝土管节用钢材强度等级宜符合表 7.2.2-1 的规定。

表 7.2.2-1 钢壳混凝土管节用钢材强度等级

构　件	钢材强度等级
面板	不低于 Q355
横隔板	不低于 Q355，且不超过 Q390
纵隔板	不低于 Q235，且不超过 Q390
抗剪连接件	不低于 Q235

3 钢壳的面板厚度不宜小于10mm。
4 钢壳的横、纵隔板厚度不宜小于10mm，其间距宜取2.5~3.5m。
5 面板与混凝土的抗剪连接件宜符合表7.2.2-2的规定。

表7.2.2-2 面板与混凝土的抗剪连接件

面板部位		连接件		
		形式	间距（mm）	构造
顶板	外侧	纵向T肋	500~900	焊钉布置在两道纵向T肋之间
		焊钉	200~250	
	内侧	纵向T肋	400~600	—
		横向扁肋	400~600	—
底板	外侧	纵向T肋	400~600	—
		横向扁肋	400~600	—
	内侧	纵向T肋	500~900	焊钉布置在两道纵向T肋之间
		焊钉	200~250	
侧墙		纵向角肋	400~600	角肋翼缘向上
		竖向扁肋	400~600	
中墙		纵向角肋	400~600	角肋翼缘向上
		拉结钢筋	—	

注：当连接件采用其他截面形式时，可参照表中数值。

6 钢壳混凝土管节应采用免振捣自密实混凝土，性能指标应考虑灌注工艺及质量控制等因素确定。

条文说明

钢壳混凝土管节的钢壳构造如图7-2~图7-6所示。

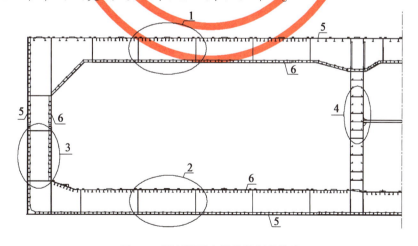

图7-2 钢壳混凝土管节的钢壳构造
1-顶板；2-底板；3-侧墙；4-中墙；5-外侧面板；6-内侧面板

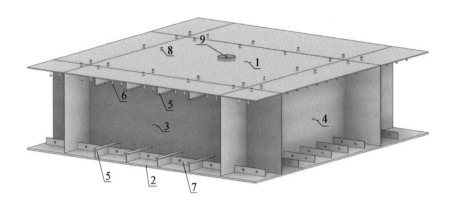

图 7-3 顶板的构造示意

1-顶板外侧面板；2-顶板内侧面板；3-横隔板；4-纵隔板；5-纵向 T 肋；6-焊钉；7-横向扁肋；8-排气孔；9-浇筑孔

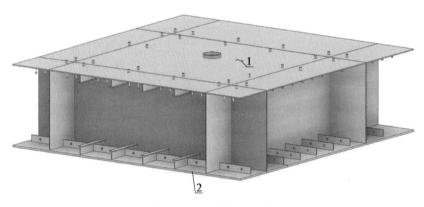

图 7-4 底板的构造示意

1-底板内侧面板；2-底板外侧面板

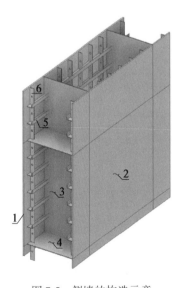

图 7-5 侧墙的构造示意

1-侧墙外侧面板；2-侧墙内侧面板；3-横隔板；4-纵隔板；5-纵向角肋；6-横向扁肋

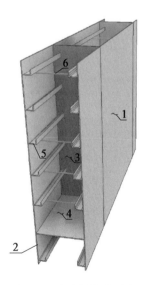

图 7-6 中墙的构造示意

1、2-中墙面板；3-横隔板；4-纵隔板；5-纵向角肋；6-拉结钢筋

管节钢壳内外面板为受弯主要构件；横、纵隔板为受剪主要构件，且连接内外面板形成混凝土浇筑独立隔舱；抗剪连接件保证面板与混凝土的有效连接，实现面板与混凝土协同受力，纵肋与横肋同时增强空隔舱钢壳面板刚度；隔舱上预留浇筑孔和排气孔，混凝土浇筑完成后对浇筑孔和排气孔进行水密焊接封孔处理。

横、纵隔板主要承受剪力，高强钢材受剪作用下延性下降。根据相关研究成果，要求横、纵隔板强度等级不超过Q390。

不同部位采用不同形式抗剪连接件有助于实现面板-混凝土界面抗剪承载能力与混凝土浇筑质量控制综合最优。

中墙抗剪连接件中拉结钢筋是用于抵抗混凝土浇筑阶段侧胀效应，其布置与规格根据计算确定。

7.2.3 整体式管节应符合下列规定：

1 管节应沿纵向形成刚性连续整体，管节中间不设置可变形接缝。
2 钢筋混凝土管节的后浇带与施工缝应满足结构纵向受力和防水要求；钢壳混凝土管节的钢材焊接质量应满足结构纵向受力和水密性要求。

条文说明

钢筋混凝土整体式管节通常采用环向施工缝分段、水平施工缝分块来浇筑混凝土。施工缝容易成为薄弱环节。钢筋混凝土整体式管节的工艺发展呈现减少施工缝的趋势，如襄阳鱼梁洲沉管隧道采用顺次全断面浇筑工艺，广州车陂路沉管隧道采用分段跳舱全断面浇筑工艺，均取消了水平施工缝。

钢壳混凝土管节通过钢材焊接质量来保证结构整体性和防水性能，水密性要求针对的是迎水面钢材的焊缝。

7.2.4 节段式管节应符合下列规定：

1 管节应沿纵向由多个节段拼接而成，节段接头应满足受力、变形和防水要求。
2 节段长度宜取18～25m，应采用全断面浇筑、匹配预制工艺，节段接头相邻混凝土界面应采取隔离措施。
3 施工期应采用临时预应力连接，满足管节系泊、浮运、沉放阶段的刚性连续要求，管节沉放完成后应在适当时机解除临时预应力。

条文说明

2 节段长度取18～25m，能较好平衡混凝土浇筑质量、总体施工工效、管节受力等要求。
3 一个管节的所有节段预制完成后进行纵向临时预应力张拉；完成管节平移或转运、浮运、安装后，在确保工程安全的前提下选择时机对临时预应力进行剪断，并对管节上预留的剪断手孔进行封堵处理。

7.2.5 半刚性管节应符合下列规定：
1 管节应沿纵向由多个节段通过永久纵向预应力串联而成。
2 纵向预应力应满足管节与节段接头在浮运沉放期和运营期的受力、变形和防水要求。纵向预应力的耐久性应满足主体结构的设计使用年限要求。

条文说明

半刚性管节的节段预制工艺与节段式管节相同，纵向预应力的防水与耐久性要求远高于节段式管节。

7.3 接头设计

7.3.1 管节柔性接头应符合下列规定：
1 应设置剪力键、钢端壳，以及 GINA 止水带和 Ω 止水带组成的防水设施。
2 根据抗震要求可设置纵向限位装置，限位装置可采用钢绞线、Ω 形或 W 形钢板。

条文说明

管节柔性接头的构造示意如图 7-7 所示。国内外沉管隧道管节柔性接头基本采用 GINA 止水带为主要防水设施，采用 Ω 止水带为第二道辅助防水设施。

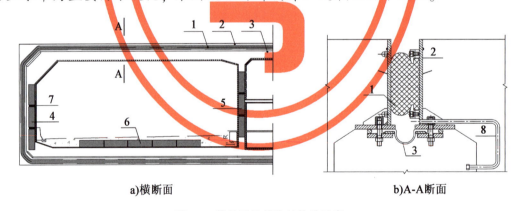

图 7-7 管节柔性接头的构造示意

1-GINA 止水带；2-钢端壳；3- Ω 止水带；4- 侧墙竖向剪力键；5-中墙竖向剪力键；6-水平剪力键；7-竖向剪力键垫层；8-水密性检测装置

7.3.2 管节接头的剪力键应符合下列规定：
1 竖向剪力键宜成组设置于侧墙与中墙，中墙可采用钢剪力键、混凝土剪力键，侧墙宜采用钢剪力键。

2 水平向剪力键宜利用结构底板压舱层设置混凝土剪力键，也可在结构底板或顶板设置钢剪力键或钢销。

3 剪力键受力面之间应设置弹性支座或垫层。

4 剪力键、防水构造的布置应便于安装与维护。

条文说明

管节接头的剪力键是管节结构的主要传力构件，分为竖向剪力键（图7-8）与水平向剪力键（图7-9、图7-10）。受作业空间限制，侧墙竖向剪力键多采用钢剪力键。设置于结构顶板、底板内钢销的构造示意如图7-11所示。

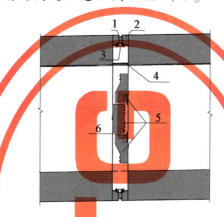

图7-8 管节接头竖向剪力键的构造示意

1-GINA止水带；2-钢端壳；3-Ω止水带；4-防火隔断；5-竖向剪力键；6-垫层

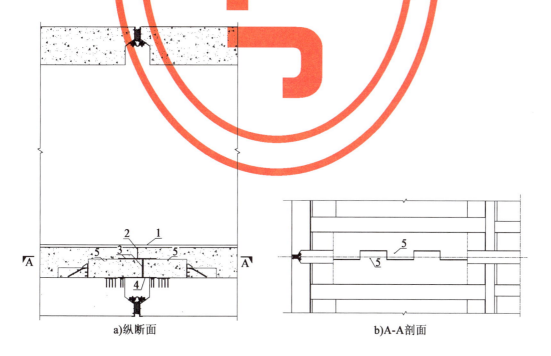

图7-9 设置于底板压舱层内水平向剪力键的构造示意

1-路面；2-变形缝；3-隔离层；4-跨缝钢板；5-水平向混凝土剪力键

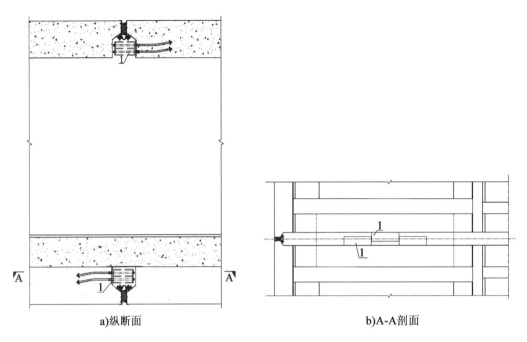

图 7-10　设置于结构顶板、底板内水平向剪力键的构造示意
1-水平向钢剪力键

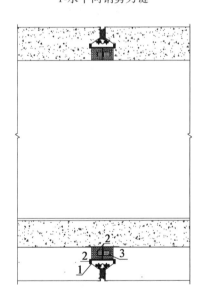

图 7-11　设置于结构顶板、底板内钢销的构造示意
1-隔离支撑；2-弹性隔离垫层；3-钢销

管节接头的剪力键安装时机根据监测情况确定，一般在管节沉放安装完成、管节沉降基本稳定后安装，以减小其受力。

7.3.3　管节接头的钢端壳应成对设计（图7.3.3），并应符合下列规定：

1　钢筋混凝土管节可采用 L 型或 H 型钢端壳，钢壳混凝土管节的钢端壳应采用与主体结构一体化的构造。

2　钢端壳的尺寸应考虑止水带安装、水力压接、管节安装误差及不均匀沉降等因素。

3　钢端壳的强度和刚度应满足施工期及运营期受力要求。

4　面板的每延米平整度不应大于2mm，整体平整度不应大于5mm。

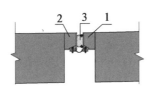

图 7.3.3　钢端壳的布置
1-A 型钢端壳；2- B 型钢端壳；3-GINA 止水带

条文说明

安装GINA止水带的A型钢端壳与对接GINA止水带的B型钢端壳分别位于管节两侧，沿顶板、底板和侧墙形成封闭环状。衔接段对接端一般设置B型钢端壳，构造要求同钢筋混凝土管节。

钢筋混凝土管节的钢端壳分为L型钢端壳和H型钢端壳，如图7-12所示。

a)L型钢端壳　　　　　b)H型钢端壳

图 7-12　钢端壳的基本构造

L型钢端壳经工厂加工后，在管节混凝土浇筑时整体安装并调整到设计要求的精度，管节预制完成后即可使用，对精度控制要求较高，适用于工厂法预制管节。

H型钢端壳在管节混凝土浇筑时先安装壳体结构，待管节预制完成后再安装端面板，最后在壳体结构与端面板之间灌注高强砂浆。

钢壳混凝土管节的钢端壳（图7-13）采用与H型钢端壳相似的构造与工艺，其中壳体结构与管节钢壳一并加工制造，待管节预制完成后再安装端面板，最后在壳体结构与端面板之间灌注与主体结构自密实混凝土等强的高强砂浆。

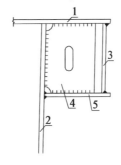

图 7-13　钢壳混凝土管节的钢端壳
1-管节外面板；2-管节端面板；3-钢端壳面板；4-加劲板；5-钢端壳水平撑板

7.3.4 节段接头应设置剪力键、纵向预应力体系，以及中埋式止水带和 Ω 止水带组成的防水设施。

条文说明

节段接头的典型横断面布置如图 7-14 所示，顶板水平向剪力键与防水设施的构造示意如图 7-15 所示。

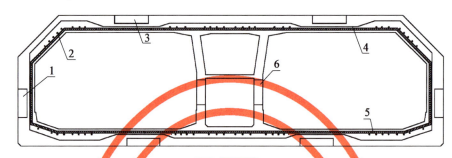

图 7-14 节段接头的典型横断面布置

1-侧墙竖向剪力键；2-预应力管道；3-水平向剪力键；4-中埋式止水带；5-Ω 止水带；6-中墙竖向剪力键

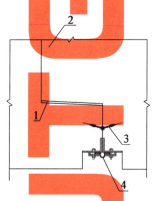

图 7-15 顶板水平向剪力键与防水设施的构造示意

1-剪力键槽；2-剪力键榫；3-中埋式止水带；4-Ω 止水带

7.3.5 节段接头的剪力键应符合下列规定：

1 中墙、侧墙的竖向剪力键应成对设置，宜采用钢筋混凝土结构。

2 顶板、底板可设置水平向混凝土剪力键。

3 混凝土剪力键榫、槽应匹配，受力面之间应设置弹性垫层，非受力面之间应设置隔离垫层。

4 剪力键和防水构造应便于安装与维护。

条文说明

节段接头剪力键的布置与构造示意如图 7-16 所示。节段接头剪力键采用钢筋混凝土结构，与主体结构一体浇筑，前一节段剪力键槽作为后一节段剪力键榫浇筑模板，实现匹配浇筑。

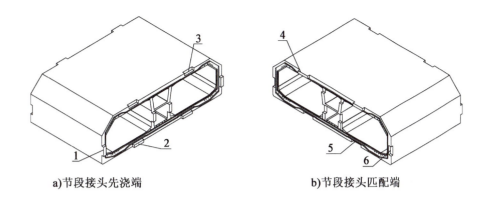

a) 节段接头先浇端　　　　　　　b) 节段接头匹配端

图 7-16　节段接头剪力键的布置与构造示意

1-竖向剪力键榫（先浇）；2-水平向剪力键榫（先浇）；3-水平向剪力键槽（先浇）；4-水平向剪力键榫（匹配）；
5-水平向剪力键槽（匹配）；6-竖向剪力键槽（匹配）

7.3.6　最终接头可采用岸上最终接头与水中最终接头两种布置，结构形式的选择应考虑最终接头位置、水文地质条件、结构特点、施工条件及装备能力、工期、造价等因素。

条文说明

最终接头的主要类型及技术特点见表 7-1。水下止水板现浇式是沉管隧道最终接头应用最多的方案。日本在多摩川、大阪南港、新若户等沉管隧道应用过岸上端部块体工法、V 形块体工法、key 管节法等最终接头形式。

表 7-1　最终接头的主要类型及技术特点

类　　型	技　术　特　点
岸上最终接头	临时围堰形成止水条件后，设置止推结构，在陆域干环境浇筑最终接头混凝土
止水板现浇式（水下）	1）由止水模板和止水橡胶带提供混凝土浇筑的干作业环境； 2）形成干作业环境后，浇筑整个最终接头的混凝土；最终接头长度约 2.5m。 需潜水员的水下作业，适用于水深较浅的条件
V 形块体整体吊装式（水下）	1）V 形块采用双层钢板-混凝土组合结构，块体中间设置预先压缩的柔性接头； 2）预制 V 形块单独安装，设主动止水构造，与管节提供混凝土浇筑的干作业环境； 3）初始止水后，浇筑合拢连接的混凝土。 无水下作业，但需要潜水员进行测量等工作
端部块体推出式（水下、岸上均有采用）	1）预制端部块体位于管节内部或管节外部，滑动就位后与管节一并形成初始止水构造，提供混凝土浇筑的干作业环境； 2）初始止水后，浇筑合拢连接的混凝土。 无水中作业
key 管节法（水下）	由最终管节端面的填充胶囊止水带与已沉放管节提供混凝土浇筑的干作业环境

国内内河沉管大部分采用传统水下止水板现浇方案，港珠澳大桥海底隧道开发应用了主动止水式 V 形块体最终接头的形式。

7.4 防水设计

7.4.1 钢筋混凝土管节防水设计应包括结构防水、施工缝防水和接头防水等内容；钢壳混凝土管节防水设计应包括迎水面焊缝的水密性要求、管节接头防水等内容。

7.4.2 钢筋混凝土管节主体结构混凝土的抗渗等级应符合表7.4.2的规定。

表7.4.2 钢筋混凝土管节主体结构混凝土的抗渗等级

运营期最大水深 h（m）	$h<20$	$20 \leqslant h<30$	$h \geqslant 30$
抗渗等级	P8	P10	P12

7.4.3 钢筋混凝土管节采用整体式纵向结构形式时，主体结构可设置全外包防水层。全外包防水层应符合下列规定：
1 底板宜采用钢板或PVC塑料防水板，侧墙与顶板可采用防水涂料喷涂。
2 不同材质防水层的搭接部位、管节与预埋件的交界部位、施工缝所处部位应进行防水加强处理。

条文说明

在国内已建成的沉管隧道中，整体式钢筋混凝土管节基本采用全包防水层或部分外包防水层，见表7-2。其中，底板基本采用带锚筋的防水钢板；带肋的PVC塑料防水板在国外的应用案例较多，但在国内应用较少。

表7-2 部分整体式钢筋混凝土管节的外包防水层

序号	隧道名称	底板防水层	顶板防水层	侧墙防水层	防水层防护措施
1	上海外环隧道	无	水泥基渗透结晶防水涂料	无	
2	广州仑头隧道	6mm厚防水钢板	聚氨酯防水涂料	聚氨酯防水涂料	顶板防水层与防锚层之间铺设20mm厚水泥砂浆保护层，侧墙设20mm厚水泥砂浆保护层
3	广州官洲隧道	6mm厚防水钢板	聚氨酯防水涂料	聚氨酯防水涂料	顶板防水层与防锚层之间铺设20mm厚水泥砂浆保护层，侧墙设20mm厚水泥砂浆保护层
4	天津海河隧道	8~10mm厚防水钢板	聚脲防水涂料	聚脲防水涂料	
5	南昌红谷隧道	6mm厚防水钢板	聚合物水泥防水涂料	聚合物水泥防水涂料	顶板防水层与防锚层之间铺设50mm厚素混凝土保护层，顶板倒角设置200mm厚护边块，侧墙涂刷5mm厚聚合物水泥砂浆

在底钢板与侧墙喷涂层搭接处、钢端壳翼缘板与管节喷涂层搭接处、穿墙管等埋设

件的细部节点、各类施工缝处，进行加强处理，设置必要的搭接长度（图7-17）。

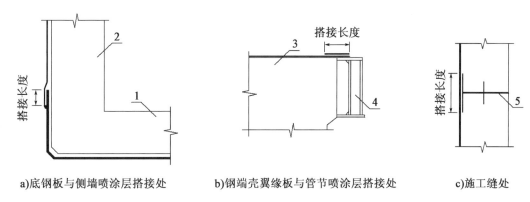

图 7-17　外包防水层的搭接长度
1-管节底板；2-管节侧墙；3-管节顶板；4-钢端壳；5-水平施工缝

7.4.4　钢筋混凝土管节的施工缝防水应符合下列规定：

1　混凝土接缝面应涂刷混凝土界面处理剂或水泥基渗透结晶型防水涂料，水平施工缝接缝面应采取水泥砂浆接浆措施。

2　施工缝宜采取钢板止水带、中埋式钢边橡胶止水带、遇水膨胀止水胶等形成封闭防水措施。水平、垂直施工缝的防水构造应形成十字型搭接。

条文说明

同一施工段的底板与侧墙之间、沿纵轴向的施工缝为水平施工缝，施工段之间、垂直于纵轴向的施工缝为垂直施工缝。施工缝基本采取双道防水措施，水平施工缝一般设置钢板止水带，垂直施工缝一般设置中埋式止水带。水平施工缝和垂直施工缝的防水措施需要形成十字型搭接构造，从而形成完整的施工缝防水体系。

中埋式止水带与钢板止水带搭接的构造（图7-18)为：利用中埋式止水带的钢边与钢板止水带搭接一定的宽度，搭接宽度之间设置一定厚度的丁基橡胶腻子薄片，使钢边与钢板止水带紧密相贴，并以铆钉固定，确保渗漏水不会侵入施工缝防水材料的内侧。

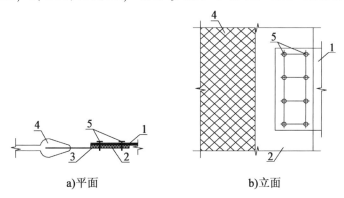

图 7-18　中埋式止水带与钢板止水带搭接的构造示意
1-钢板止水带；2-钢边；3-丁基橡胶腻子薄片；4-中埋式止水带；5-铆钉

7.4.5 钢端壳、Ω 止水带预埋钢板与混凝土界面的防水应符合下列规定：

1 界面附近混凝土的浇筑密实度应满足防水要求，宜采取后注浆措施，预埋注浆管，选用适宜的注浆材料。

2 可设置止水钢板、遇水膨胀止水条等防水设施。

8 基槽、地基与基础、回填

8.1 一般规定

8.1.1 应根据沉管隧道所在区域的地质及水文条件，综合考虑隧道平纵面、管节横断面、管节浮运与安装、基础施工的工艺及设备等要求进行基槽设计。

8.1.2 地基与基础应满足施工和使用阶段的承载力、变形及稳定性要求。

8.1.3 回填应满足管节抗浮、抗侧移及防护管节结构的要求，且具备抗冲刷能力。

条文说明

回填除满足管节的抗浮与抗侧向滑移要求外，还需在抛锚、拖锚、船撞等偶然状况下具有保护管节的功能，同时，回填料及其组成需具备在水流等作用下的抗冲刷能力。

8.2 基槽

8.2.1 基槽平面轴线、纵断面线形宜与沉管隧道结构的平纵线形保持一致。

8.2.2 基槽设计底宽和设计底高程的确定应符合下列规定：
1 基槽的设计底宽应按式(8.2.2-1)计算：
$$B = B_t + 2b + T \tag{8.2.2-1}$$
式中：B——基槽设计底宽（m）；
B_t——管节底宽（m）；
b——管节单侧预留量（m）；
T——考虑基槽底水平向欠挖的预留量（m），一般可取 $0 \sim 0.5$m。

2 基槽的设计底高程应根据管节底板底面高程与基础形式综合确定，可按式(8.2.2-2)计算：
$$H = h_d - h_c - h_t \tag{8.2.2-2}$$
式中：H——基槽设计底高程（m）；
h_d——管节底板底面高程（m）；
h_c——基础垫层厚度（m）；

h_t——考虑基槽底竖向欠挖的预留量（m），一般可取 0~0.5m。

条文说明

管节单侧预留量根据管节基础垫层处理方式、基础施工及管节纠偏的设备预留空间确定。本条规定在基槽底部开挖时需要考虑水平向与竖向欠挖的预留量，预留量与水文条件、地质条件、疏浚施工能力等有关，并与施工验收标准的欠挖值保持一致。

8.2.3 基槽边坡分级与坡率应符合下列规定：

1 边坡分级与坡率应依据基槽开挖深度与地层特性，结合施工装备布置要求，通过基槽边坡稳定性分析综合确定。

2 复杂条件下的基槽宜通过试挖槽试验综合确定边坡分级与坡率。

3 当缺乏分析资料或试验数据时，水下基槽边坡坡率可按现行《疏浚与吹填工程设计规范》（JTS 181-5）的规定采用。

条文说明

从调研情况来看，已建沉管隧道基槽坡率的变化范围较大，表8-1列出了我国部分沉管隧道水下基槽的边坡坡率。

表8-1 我国部分沉管隧道水下基槽的边坡坡率

序号	名称	地层	坡率
1	香港西区公路隧道	黏土	1:2
2	香港东区公路隧道	黏土	1:2
3	广州珠江隧道	砂土、黏土	1:2
4	上海外环隧道	砂土、黏土	1:3
5	广州仑头隧道	淤泥、淤泥质土	1:3
5	广州仑头隧道	砂土、黏土	1:2
6	广州洲头咀隧道	强风化岩	1:1
7	襄阳鱼梁洲隧道	砂土、黏土	1:3
7	襄阳鱼梁洲隧道	卵石、圆砾	1:2
8	港珠澳大桥海底隧道	砂土及粉土	1:2、1:3
8	港珠澳大桥海底隧道	黏土	1:3
8	港珠澳大桥海底隧道	淤泥质土	1:5、1:7
9	深中通道沉管隧道	砂土、黏土、全风化岩	1:3
9	深中通道沉管隧道	淤泥质土	1:5、1:7
10	大连湾海底隧道	中风化岩	1:0.75
10	大连湾海底隧道	强风化岩	1:2
10	大连湾海底隧道	全风化岩	1:3
10	大连湾海底隧道	淤泥质土	1:7

对于水文与地质等条件复杂的情况，通过开展试挖成槽试验进行原位边坡稳定及回淤等方面的观测，有利于获得符合工程实际条件的验证信息，降低工程风险。

8.2.4 基槽边坡稳定性分析应符合下列规定：

1 应采用极限平衡法或有限元强度折减法进行边坡稳定性计算，边坡的稳定性安全系数不应小于1.3。

2 应考虑边坡上淤积物及邻近施工作业等作用的影响。

3 管节回填覆盖完成后的运营期基槽边坡应进行稳定性分析，且不应影响隧道主体结构安全性。

条文说明

基槽边坡通常为临时工程，主要关注施工期的稳定性，不同验算方法及抗剪参数对应的稳定性安全系数是不同的，考虑到沉管隧道水下基槽边坡的重要性，安全系数取值与《沉管法隧道设计标准》（GB/T 51318—2019）保持一致，按不小于1.3进行要求。对土质基槽边坡，优先采用十字板剪切强度，有经验时，也可结合基槽放置时间的长短，选择采用直剪固结快剪及三轴不固结不排水剪切强度指标。对岩质基槽边坡，需要考虑不利结构面对边坡稳定性的影响。

基槽边坡上过量淤积物对基槽安全稳定会造成影响，在勘察设计阶段需调查可能的回淤来源、组成与强度，以及基槽水域上下游的作业情况，并提出相关的监测与控制要求。

部分沉管隧道的管节回填防护完成后，在运营期会存在未被回填覆盖物所充填的边坡（图8-1），需评估边坡滑塌对沉管隧道主体结构的影响。

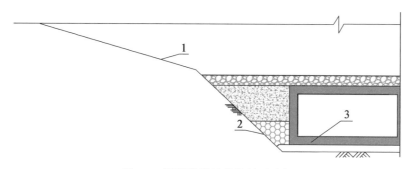

图8-1 沉管隧道的基槽断面示意

1-运营期基槽边坡；2-施工期临时基槽边坡；3-管节结构

8.2.5 基槽开挖后、管节安装完成前，应对基槽底和边坡进行回淤监测与控制。回淤物清除标准可按现行《沉管法隧道施工与质量验收规范》（GB 51201）的规定采用。

条文说明

基槽内较大的回淤会导致管节安装无法完成或后期沉降量过大，施工期需控制回淤量并结合项目特点制定回淤物的清除标准。无相关经验时，按现行《沉管法隧道施工与质量验收规范》（GB 51201）的规定执行。

8.2.6 在岩层中开挖基槽时，应根据岩石强度与完整性指标，结合施工环境条件综合选择采用机械凿岩或水下爆破的方式进行预处理。

8.3 地基与基础

8.3.1 地基与基础设计应遵循沉管隧道总沉降和差异沉降双控的原则，并与管节结构进行协同设计。

条文说明

地基与基础设计需以沉管总沉降和差异沉降为主要控制因素，为隧道结构提供合适的基础刚度。沉管总沉降是在设计阶段确定的一个指导性参数，主要是将地基基础设计和结构设计对应并进行协同考虑。根据工程经验，土质地层中沉管总沉降初始控制目标值取 60～100mm 是可接受的，地层条件较好时取小值，地层条件较差时取大值。

8.3.2 沉管隧道宜采用天然地基；当天然地基承载力、变形及稳定性不能满足设计要求时，可采用换填或复合地基等形式。

条文说明

表 8-2 梳理了国内外部分沉管隧道的地基处理形式。

表 8-2　国内外部分沉管隧道的地基处理形式

序号	隧道名称	主要的地基处理形式
1	广州珠江隧道	天然地基
2	宁波甬江隧道	天然地基
3	丹麦—瑞典厄勒隧道	天然地基
4	宁波常洪隧道	预制方桩
5	上海外环隧道	天然地基
6	广州仑头隧道	天然地基
7	韩国釜山—巨济隧道	复合地基
8	天津海河隧道	天然地基
9	广州洲头咀隧道	天然地基
10	佛山东平隧道	天然地基
11	港珠澳大桥海底隧道	换填、复合地基
12	深中通道沉管隧道	天然地基、换填、复合地基

8.3.3 地基处理应遵循刚度平顺的原则，根据工程环境条件、隧道结构及回填方案等因素进行分区分段设计，不同地基处理方案的分界应避开上部荷载或地层分布等条件突变的位置。

条文说明

地基处理需统筹衔接段与沉管段的设计要求，考虑施工环境条件、施工能力、经济性与施工风险等因素，遵循纵向分段、因地制宜的原则，确定技术方案。地基处理方案在上部荷载或地层分布等条件突变的位置，地基刚度易产生突变，地基处理方案的分界需要避开这些位置，从而使得隧道结构及接头的容许受力与位移在合理控制范围之内。

8.3.4 地基处理方式应考虑隧址地质、水文、施工工艺和设备等因素进行综合确定，可采用换填、挤密砂桩复合地基、深层水泥搅拌桩复合地基、高压旋喷桩复合地基及刚性桩复合地基等多种地基处理方式。

条文说明

不同地基处理的适用条件及主要技术要求见表8-3。

表8-3 不同地基处理的适用条件及主要技术要求

序号	地基处理类型	典型适用条件	主要技术要求
1	换填	软土层厚度不宜大于5m	换填料采用中粗砂、碎石或块石等，换填后需进行分层分段振密处理
2	挤密砂桩复合地基	淤泥质土、黏性土、杂填土或松散砂土	挤密砂桩采用中粗砂，需缩短工期时，采用设置一定超载比的堆载预压实现；按现行《水下挤密砂桩设计与施工规程》（JTS 157）的规定进行设计
3	深层水泥搅拌桩复合地基	淤泥、淤泥质土、素填土、软—可塑黏性土、松散—中密粉细砂、稍密—中密粉土、松散—稍密中粗砂等地基土	按现行《水运工程地基设计规范》（JTS 147）的规定进行设计
4	高压旋喷桩复合地基	陆域场地条件受限的淤泥、淤泥质土、黏性土、粉土、人工填土和碎石土	按现行《水运工程地基设计规范》（JTS 147）的规定进行设计
5	刚性桩复合地基	黏性土、粉土、砂土及素填土层	按现行《水运工程地基设计规范》（JTS 147）的规定进行设计

注：现行《复合地基技术规范》（GB/T 50783）详细规定了刚性桩复合地基的技术要求。

8.3.5 基础垫层可选用先铺法和后填法，应根据地质、水文、通航、抗震、管节类型、造价及施工工艺等条件进行综合比选确定。

条文说明

垫层位于管节与地基之间，主要发挥找平与传递荷载等作用。先铺法以刮铺碎石为主。后填法有喷砂、砂流及压浆之分。国内外部分沉管隧道的垫层方案及主要参数见表8-4。

表8-4 国内外部分沉管隧道的垫层方案及主要参数

序号	名　　称	垫层方案	主要形式
1	广州珠江隧道	后填法	砂流垫层
2	宁波甬江隧道	后填法	压浆垫层
3	丹麦—瑞典厄勒隧道	先铺法	先铺碎石垫层
4	宁波常洪隧道	后填法	后压浆囊袋
5	上海外环隧道	后填法	砂流垫层
6	广州仑头隧道	后填法	砂流垫层
7	韩国釜山—巨济隧道	先铺法	先铺碎石垫层
8	天津海河隧道	后填法	压浆垫层
9	广州洲头咀隧道	后填法	砂流垫层
10	佛山东平隧道	后填法	砂流垫层
11	港珠澳大桥海底隧道	先铺法	先铺碎石垫层
12	深中通道沉管隧道	先铺法	先铺碎石垫层

8.3.6 先铺法垫层应符合下列规定：

1 垫层厚度宜取0.8~2.0m。

2 垫层可选用垄沟相间或满铺形式，垄沟尺寸应结合管节尺寸、施工装备及沉降控制要求等条件综合确定。

3 垫层用碎石的最大粒径不应大于80mm，且未受污染、级配良好。

4 压缩（变形）模量等主要参数应依据试验确定。

5 垫层施工高程应考虑预抬量，顶面高程允许偏差应为±40mm。

条文说明

先铺法垫层优先采用垄沟相间的形式，利于找平、纳淤及管节安装，多采用大型设备机械化施工。基础碎石垫层的构造示意如图8-2所示，国内外部分沉管隧道先铺法垫层的主要参数见表8-5。

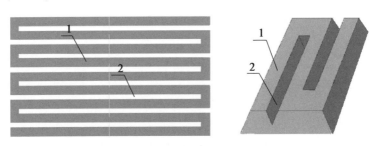

图8-2 基础碎石垫层的构造示意
1-碎石垄；2-碎石沟

表8-5 国内外部分沉管隧道先铺法垫层的主要参数

隧道项目	厚度（m）	垄与沟宽度（m）	最大石料粒径（mm）
丹麦—瑞典厄勒隧道	0.95	1.65、1.0	64
韩国釜山—巨济隧道	1.5	1.8、0.6	80
港珠澳大桥海底隧道	1.3	1.8、1.05	63
深中通道沉管隧道	1.0	1.8、1.2	63
大连湾海底隧道	1.3	1.8、1.05	63

注：采用专用整平船机械化施工。

8.3.7 后填法垫层应符合下列规定：

1 垫层厚度宜取0.6~1.5m。
2 宜通过试验确定材料粒径、配合比、砂流压力等参数。
3 临时支撑可采用混凝土垫块或专用基础，并应满足承载力与沉降要求。
4 预埋于管节底板的压注孔应满足各阶段的防水设计要求。
5 应依据抗震设防要求进行抗地震液化设计与验算。

条文说明

砂流法是在管节沉放完毕后，利用管节上的预留砂流孔向管底压注砂水等混合料形成基础垫层的方法，也称灌砂法或压砂法。喷砂法是在管节沉放完毕后，通过置于管节两侧的喷砂管将砂水混合料喷入管底的方法。压浆法是在管节沉放完毕后，利用管节底板预留注浆孔向管底压注砂浆的方法，通常需要在管节安装前先铺设碎石基层。国内部分沉管隧道后填法垫层的主要形式与参数见表8-6。

表8-6 国内部分沉管隧道后填法垫层的主要形式与参数

名 称	主要形式	厚度（m）
广州珠江隧道	砂流法垫层	0.6
宁波甬江隧道	压浆法垫层	0.4
上海外环隧道	砂流法垫层	0.6
广州仑头隧道	砂流法垫层	0.6
天津海河隧道	压浆法垫层	0.4
广州洲头咀隧道	砂流法垫层	0.6
佛山东平隧道	砂流法垫层	0.6

注：压浆法垫层下面设置了0.6m厚碎石层。

8.3.8 桩基础设计应符合下列规定：

1 应按现行《公路桥涵地基与基础设计规范》（JTG 3363）与《码头结构设计规范》（JTS 167）的相关规定执行。

2 沉管段桩基础宜采用预制桩，桩基与管节结构的过渡连接构造可采用桩帽、后注浆囊袋等形式，过渡连接构造应与桩基进行整体设计。

3 衔接段桩基础可采用钻孔灌注桩或预制桩，桩基与隧道结构的连接可采用固结或垫层形式。

4 桩基础纵向布置宜采用桩长或桩间距变化进行过渡，隧道结构的接头与接缝、地质及荷载变化较大处，桩基布置应连续协调。

条文说明

沉管段管节基础应用桩基础的案例不多，如宁波常洪隧道全部4个管节均采用打入式预应力钢筋混凝土方桩，与隧道结构的连接采用后注浆囊袋；日本东京港隧道的3个管节采用打入式钢管桩，与隧道结构的连接采用钢桩帽。

衔接段基础可以采用钻孔灌注桩、预制混凝土桩或钢管桩等形式，桩基根据结构分段、上部荷载、地质等条件进行配置，需要满足沉降、承载力及抗浮安全性的要求，并与相邻的沉管段基础进行统筹考虑，保持刚度的协调过渡。

8.4 回填

8.4.1 回填应由锁定回填、一般回填与护面层回填三部分组成。

条文说明

回填的组成与布置如图8-3所示。锁定回填位于管节两侧，为施工阶段的管节稳定提供约束。护面层回填位于管节顶部，一般回填位于锁定回填与护面层回填之间。

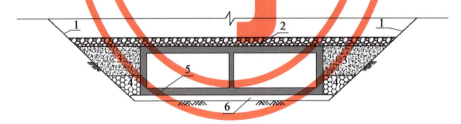

图8-3 回填的组成与布置

1-基槽；2-护面层回填；3-一般回填；4-锁定回填；5-管节结构；6-基础垫层

8.4.2 回填设计应符合下列规定：

1 回填料应选用强度符合要求、取材方便、不液化、耐久无害的材料，含泥量不应大于5%。

2 锁定回填宜选用透水性好的碎石、砾石或粗砂，高度不应小于1/3管节高度。

3 锁定回填应两侧同步、分层、对称抛填，并应结合水文条件及管节临时稳定性确定回填时序。

4 一般回填宜选用透水性好的河（海）砂或碎石。

5 护面层回填宜满足冲刷稳定性、防拖锚、防抛锚及管节抗浮等要求，宜选用片石、块石或预制混凝土块体等，其厚度不应小于1.5m。

6 护面层回填顶部宽度应大于管节外包宽度，两侧各不应小于2m。

7 护面层回填采用的预制混凝土块体应符合现行《水运工程混凝土结构设计规范》（JTS 151）的相关规定。

8.4.3 当管节结构高出河（海）床时，应开展防冲刷专题研究。处于通航水域的管节尚应开展防船撞专题研究，并采取必要的防护措施。

8.4.4 防船撞设施宜采用水下护坦，水下护坦的设置形式与尺寸应通过防船撞专题研究确定，护坦的面层材料宜选择大块石、网兜法抛石或预制混凝土块体等。

条文说明

沉管隧道的通常做法是在一定范围内设置水下护坦（图8-4），其防护形式及尺寸需综合考虑船舶通航安全、隧道结构安全等因素，通过专项研究确定。水下护坦在上海外环沉管隧道、韩国釜山—巨济沉管隧道、港珠澳大桥海底隧道等工程有应用。

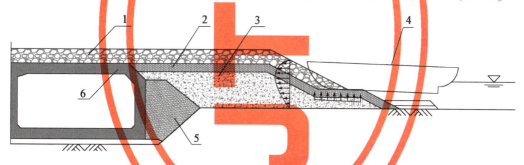

图8-4 水下护坦示意

1-护坦表层；2-护坦底层；3-一般回填；4-船舶；5-锁定回填；6-管节结构

9 衔接段

9.0.1 应根据隧道结构及施工工艺、管节对接需求，结合护岸工程进行衔接段设计，满足功能、受力、防渗、防洪等要求。

条文说明

衔接段隧道结构一般采用岸上基坑内现浇施工，需设置围堰、基坑支护等临时措施与构造，考虑与相邻管节对接的相关要求，如对接前拆除局部护岸、对接后再恢复，暗埋段具备足够的轴向止推性能等。

9.0.2 应考虑地基基础、上覆荷载等因素，统筹开展衔接段隧道结构与相邻管节的综合设计。

条文说明

由于水文地质与施工条件的不同，衔接段隧道与相邻管节采用不同的地基基础形式；衔接段可能布置通风塔等建（构）筑物且局部受护岸影响，使得上覆荷载在局部范围内差异显著。需统筹考虑上述因素，开展结构构造、地基基础的设计，必要时采取多层框架、泡沫混凝土、陶粒轻质材料换填等附加减载措施。

9.0.3 隧道结构宜采用明挖现浇钢筋混凝土结构，其变形缝间距应根据地层条件、结构形式和荷载等因素确定，宜取 20~30m。

9.0.4 隧道结构应符合下列规定：
1 与沉管管节的对接端，应设置端封墙、钢端壳、拉合装置、导向装置等设施。
2 管节水力压接时，应进行水平推力作用下衔接段的抗滑移稳定性验算。抗滑移安全系数不应小于1.3。
3 护岸或围堰结构与管节之间的净距应满足管节浮运及对接作业空间要求，且不宜小于2.5m。

9.0.5 隧道结构应设置全外包防水层。

条文说明

为满足二级防水要求，衔接段隧道结构均设置由防水涂料与防水卷材形成的全外包防水层。

9.0.6 围堰和基坑的布置与形式应考虑隧道线形、水文地质条件、施工工艺、临时道路等因素，围堰和基坑的设计要求应按现行《公路水下隧道设计规范》（JTG/T 3371）的规定执行。

9.0.7 护岸应根据水文地质条件、周边建（构）筑物、堤防等级、岸壁结构承载力及稳定性等因素，与永久性堤岸工程统筹设计。

10 分析计算

10.1 一般规定

10.1.1 沉管隧道的结构、基础应进行持久状况、短暂状况、偶然状况和地震状况下极限状态验算，满足强度、刚度、稳定性要求。

条文说明

沉管隧道的设计验算主要内容见表 10-1。按《公路工程结构可靠性设计统一标准》（JTG 2120—2020）的规定，在持久状况、短暂状况、偶然状况和地震状况下，均进行承载能力极限状态设计；对持久状况，尚需进行正常使用极限状态设计；对短暂状况，可根据需要进行正常使用极限状态设计；对偶然状况和地震状况，可不进行正常使用极限状态设计。

表 10-1 沉管隧道的设计验算主要内容

项目		持久状况	短暂状况	偶然状况、地震状况
作用		永久作用、基本可变作用	永久作用、基本可变作用、其他可变作用	永久作用、基本可变作用、偶然作用、地震作用
主体结构	承载力	管节和衔接段隧道结构的承载力，预留洞室等局部区域的承载力		
	应力	—	钢壳的应力	—
	裂缝宽度	钢筋混凝土结构的裂缝宽度	纵向受力情况下钢筋混凝土管节的裂缝宽度	—
	变形	主体结构的变形	钢壳的变形	主体结构的层间位移角
管节接头	承载力	钢端壳、剪力键的承载力	钢端壳的承载力	钢端壳、剪力键的承载力
	变形	接头变形、GINA 止水带和 Ω 止水带的水密性安全系数	—	接头变形、GINA 止水带和 Ω 止水带的水密性安全系数
节段接头	承载力	剪力键的承载力		
	应力	—	节段接头的应力	—
	变形	接头变形、Ω 止水带的水密性安全系数	—	接头变形、Ω 止水带的水密性安全系数
管节舾装设施		—	承载力与变形	—
基础	承载力	基础的承载力		
	变形	基础的沉降变形	—	—

10.1.2 沉管隧道的计算图式、几何特性、边界条件应反映实际状况和受力特征。

10.1.3 在持久状况、短暂状况和偶然状况，沉管隧道结构、基础按承载能力极限状态设计时，应满足式（10.1.3）的要求：

$$\gamma_0 S_d \leqslant R_d \left(\frac{f_k}{\gamma_m}, a_d \right) \qquad (10.1.3)$$

式中：γ_0——结构重要性系数；对于持久状况和短暂状况，结构重要性等级为一级、二级时，γ_0 分别取 1.1、1.0；对于偶然状况，$\gamma_0 = 1.0$；

S_d——作用组合的效应设计值，作用组合按本规范第 10.2.8 条和第 10.2.9 条的规定取用；

$R_d(\cdot)$——结构或构件的承载力设计值函数，钢筋混凝土结构、钢结构、双层钢板-混凝土组合结构分别按现行《公路钢筋混凝土及预应力混凝土桥涵设计规范》(JTG 3362)、《公路钢结构桥梁设计规范》(JTG D64)、本规范附录 A 的规定执行；

f_k, γ_m——材料的强度标准值、材料性能的分项系数，前者按现行《公路钢筋混凝土及预应力混凝土桥涵设计规范》(JTG 3362) 和《公路钢结构桥梁设计规范》(JTG D64) 的规定取值，后者按表 10.1.3 的规定取值；

a_d——几何参数的设计值。

表 10.1.3 材料性能的分项系数

项目		持久状况、短暂状况	偶然状况
混凝土	抗压强度	1.45	1.0
	抗拉强度	1.45	1.0
普通钢筋	抗压强度	1.20	1.0
	抗拉强度	1.20	1.0
钢结构	抗压强度	1.25	1.0
	抗拉强度	1.25	1.0

10.1.4 在持久状况，沉管隧道结构、基础按正常使用极限状态设计时，应满足式（10.1.4）的要求：

$$S_d \leqslant C \qquad (10.1.4)$$

式中：C——应力、变形、裂缝等限值。

10.1.5 在持久状况和短暂状况，管节的抗浮稳定性验算应满足式（10.1.5）的要求：

$$\frac{S_{d,stb}}{S_{d,dst}} \geqslant \gamma_F \qquad (10.1.5)$$

式中：γ_F——抗浮安全系数，按表 3.0.5 的规定取用；

$S_{d,stb}$——抗浮稳定作用的效应设计值，作用组合按本规范第 10.2.9 条取用；

$S_{d,dst}$——上浮不平衡作用的效应设计值，作用组合按本规范第 10.2.9 条取用。

条文说明

管节抗浮稳定性验算的阶段与对应的作用见表 10-2。

表 10-2 管节抗浮稳定性验算的阶段与对应的作用

序号	阶 段	考虑的作用
1	沉放、对接	管节主体结构与防锚层自重、舾装设施、留存压载水
2	对接完成后	管节主体结构与防锚层自重、留存舾装设施、压载水
3	压舱混凝土置换完成后	管节主体结构与防锚层自重、压舱层自重
4	使用	管节主体结构与防锚层自重、压舱层自重、回填

注：在沉放、对接阶段，控制管节的负浮力；在其他阶段，保证管节的施工与使用期间的抗浮安全。

10.2 作用及作用组合

10.2.1 沉管隧道承受的作用应按表 10.2.1 的规定分类。

表 10.2.1 沉管隧道作用分类

序号	作用分类		作用名称
1	永久作用		结构自重（包括管节自重与附加重力）
2			静水压力
3			竖向土压力
4			土侧压力
5			混凝土收缩、徐变作用
6			预加力
7			基础变位作用
8	可变作用	基本可变作用	汽车荷载
9			人群荷载
10			水位变化作用
11			波浪力作用
12			水流作用
13			温度作用
14			管顶冲淤变化作用
15		其他可变作用	舾装荷载
16			压载水自重
17			不均匀性引起荷载

续表10.2.1

序号	作用分类	作用名称
18	偶然作用	爆炸荷载
19		火灾作用
20		沉船荷载
21		落锚荷载
22	地震作用	地震作用

10.2.2 永久作用的标准值应符合下列规定：

1 结构自重应包括主体结构自重，路面、附属构造、交通工程与附属设施等产生的附加重力。结构自重标准值应采用材料的重度计算。

2 静水压力标准值应采用水的重度与设计水头高度计算，其中设计水头高度取设计水位与结构设计高程的差值。

3 竖向土压力标准值应采用回填材料或土的重度、按竖向静土压力计算。

4 土侧压力应采用静止侧压力系数乘以竖向静土压力计算。

5 混凝土收缩、徐变作用宜按现行《公路钢筋混凝土及预应力混凝土桥涵设计规范》（JTG 3362）的规定计算，收缩效应可采用等效降温法计算。

6 预加力标准值应按考虑预应力损失后的预应力钢绞线有效应力计算。

7 基础变位作用由基础变位不均匀产生，宜考虑地基压密等引起的长期变形影响。

8 当无相关统计或实测资料时，常用材料的重度可采用表10.2.2所列数据。

表10.2.2 常用材料的重度

项 目		重度（kN/m³）	备 注
混凝土	主体结构	23.30 ~ 24.00	验算结构受力和浮运干舷时，取较大值；验算抗浮安全系数时，取较小值
	防锚层、压舱层	22.50 ~ 23.30	
	管沟、防撞护栏	23.00	—
钢筋、钢材		78.50	—
路面铺装		23.00	—
水		9.89 ~ 10.06	验算结构受力和抗浮安全系数时，取较大值；验算浮运干舷时，取较小值
一般回填材料		17.00 ~ 21.00	验算结构受力时，取较大值；验算抗浮安全系数时，取较小值
反滤层砂石与块石护面层		18.00 ~ 22.00	
回淤土		14.00 ~ 15.00	

10.2.3 基本可变作用的标准值应符合下列规定：

1 汽车荷载和人群荷载应按现行《公路工程技术标准》（JTG B01）的规定取用。

2 水位变化作用应采用水的重度与设计重现期内极端水位差计算，极端水位差考虑极端高水位、极端低水位与设计水位的两种差值。

3 波浪力作用、水流作用应按现行《港口与航道水文规范》（JTS 145）的规定取用。

4 温度作用应考虑均匀温差作用、主体结构梯度温差作用，温差变化宜根据常年气象和水温统计资料确定，主体结构的线膨胀系数取 1.0×10^{-5}（1/℃）。

5 管顶冲淤变化作用应采用冲淤变化数据与冲淤物的重度，按竖向静土压力计算。

10.2.4 其他可变作用的标准值应符合下列规定：
1 舾装荷载应按管节舾装设施的自重计算。
2 压载水自重应采用水的重度乘以体积计算。
3 不均匀性引起荷载宜按管节重度和压载水的不均匀布置计算。

10.2.5 偶然作用的设计值应符合下列规定：
1 爆炸荷载应根据仅一辆车自身油箱燃油爆炸确定。
2 火灾作用应根据耐火极限的对应条件确定，隧道结构应在火灾后保持稳定。
3 沉船、落锚荷载应根据代表船型、沉管隧道顶部覆土厚度与水深等因素确定。

条文说明

目前，国外仅考虑沉管隧道任一行车孔发生一次独立爆炸的影响，且隧道内车辆爆炸荷载仅考虑车辆碰撞等因素引起的车辆自身油箱燃油爆炸作用，荷载大小一般按50~100kPa取用。

10.2.6 地震作用的标准值应符合下列规定：
1 沉管隧道的地震作用应符合现行《公路隧道抗震设计规范》（JTG 2232）的规定，采用 E1 和 E2 两水准抗震设防。
2 抗震设计所考虑的地震作用应采用所在地区基本地震动参数与抗震重要性系数 C_i 来表征，其中基本地震动参数按现行《中国地震动参数区划图》（GB 18306）的规定取用，E1、E2 地震作用的抗震重要性系数 C_i 分别取 1.00、1.30。
3 重要的沉管隧道宜根据专门的工程场地地震安全性评价，确定设计地震动参数及相关数据。

10.2.7 沉管隧道的结构与基础设计应考虑可能同时出现的作用，按承载能力极限状态和正常使用极限状态进行作用组合，并应按下列原则取其最不利组合效应：
1 不同方向的受力验算时，应取不同方向的最不利作用组合。
2 产生有利影响的可变作用不应参与组合。
3 多个偶然作用不应同时参与组合。
4 地震作用不应与偶然作用同时参与组合。

条文说明

偶然作用为小概率事件，多个偶然作用同时发生的概率极小，因此作用组合时不考虑偶然作用之间、偶然作用与地震作用的组合。

10.2.8 作用基本组合、频遇组合、准永久组合、偶然组合的效应设计值应按下列规定计算：

1 作用基本组合的效应设计值 S_{ud} 应按式（10.2.8-1）计算：

$$S_{ud} = S\left(\sum_{i \geq 1} \gamma_{Gi} G_{ik},\ \gamma_{Q1} \gamma_{L1} Q_{1k},\ \sum_{j>1} \gamma_{Qj} \psi_c \gamma_{Lj} Q_{jk}\right) \quad (10.2.8\text{-}1)$$

式中：$S(\cdot)$——作用组合的效应函数；

G_{ik}——第 i 个永久作用的标准值；

Q_{1k}——第1个可变作用（主导可变作用）的标准值；持久状况下纵向受力分析时，温度作用或管顶冲淤变化作用为主导可变作用；持久状况下横断面受力分析时，水位变化作用为主导可变作用；

Q_{jk}——第 j 个可变作用的标准值；

γ_{Gi}——第 i 个永久作用的分项系数，按表10.2.8-1的规定取用；

γ_{Q1}，γ_{Qj}——第1个和第 j 个可变作用的分项系数，按表10.2.8-2的规定取用；

γ_{L1}，γ_{Lj}——结构设计使用年限荷载调整系数；当结构构件的设计使用年限符合本规范第3.0.2条的规定时，取1.0；否则应按专题研究确定；

ψ_c——可变作用的组合值系数，取0.75。

2 作用偶然组合的效应设计值 S_{ad} 应按式（10.2.8-2）计算：

$$S_{ad} = S\left(\sum_{i \geq 1} G_{ik},\ A_d,\ (\psi_{f1}\text{或}\psi_{q1}) Q_{1k},\ \sum_{j>1} \psi_{qj} Q_{jk}\right) \quad (10.2.8\text{-}2)$$

式中：A_d——偶然作用的设计值；

ψ_{f1}——第1个可变作用（主导可变作用）的频遇值系数，按表10.2.8-2的规定取用；

ψ_{q1}，ψ_{qj}——第1个和第 j 个可变作用的准永久值系数，按表10.2.8-2的规定取用。

3 作用频遇组合的效应设计值 S_{fd} 应按式（10.2.8-3）计算：

$$S_{fd} = S\left(\sum_{i \geq 1} G_{ik},\ \psi_{f1} Q_{1k},\ \sum_{j>1} \psi_{qj} Q_{jk}\right) \quad (10.2.8\text{-}3)$$

4 作用准永久组合的效应设计值 S_{qd} 应按式（10.2.8-4）计算：

$$S_{qd} = S\left(\sum_{i \geq 1} G_{ik},\ \psi_{q1} Q_{1k},\ \sum_{j>1} \psi_{qj} Q_{jk}\right) \quad (10.2.8\text{-}4)$$

表10.2.8-1 基本组合中永久作用的分项系数

作用分类	作用名称	分项系数	
		不利	有利
永久作用	结构自重	1.2	1.0
	静水压力	1.1	1.0
	竖向土压力	1.2	1.0

续表 10.2.8-1

作用分类	作用名称	分项系数	
		不利	有利
永久作用	土侧压力	1.4	1.0
	混凝土收缩、徐变作用	1.0	
	预加力	1.2	1.0
	基础变位作用	1.0	

注：纵向分析时，不考虑土侧压力与基础变位作用。

表 10.2.8-2 基本可变作用的分项系数、频遇值系数和准永久值系数

作用分类	作用名称		分项系数	频遇值系数	准永久值系数
基本可变作用	汽车荷载		1.4	0.7	0.4
	人群荷载		1.4	0.4	0.4
	水位变化作用		1.4	1.0	0.5
	波浪力作用		1.4	1.0	0.5
	水流作用		1.4	1.0	0.5
	温度作用	均匀温差作用	1.4	1.0	1.0
		梯度温差作用	1.4	0.8	1.0
	管顶冲淤变化作用		1.0	1.0	1.0

10.2.9 当沉管隧道进行弹性阶段截面应力、抗浮稳定性或基础承载力计算时，各作用应采用标准值，作用分项系数取 1.0。

条文说明

针对验算内容，根据经验，作用组合可以参考表 10-3 采用。

表 10-3 沉管隧道在极限状态验算时采用的作用组合

项目	主体结构			接头		基础	
	承载力	应力	抗裂性与变形	承载力	变形	基础承载力	基础沉降
持久状况	基本组合	本规范第10.2.9条	频遇组合	基本组合	频遇组合	本规范第10.2.9条	准永久组合
短暂状况	基本组合		频遇组合	基本组合	频遇组合		—
偶然状况	偶然组合	—	—	偶然组合	偶然组合	偶然组合	—
地震状况	地震组合	—	地震组合	地震组合	地震组合	地震组合	—

10.3 持久状况的分析计算

10.3.1 应根据使用阶段不同工况下可能出现的作用组合，分别进行横断面和纵向整

体受力分析、局部受力分析。

10.3.2 沉管隧道的分析模型宜采用荷载-结构模型。

条文说明

荷载-结构模型分为二维模型、三维模型。横断面受力分析通常采用二维模型，纵向整体受力分析通常采用三维模型，管节预留洞室（排烟孔、横通道等）、接头剪力键等局部区域的受力分析通常采用三维模型。

10.3.3 钢筋混凝土管节和衔接段隧道结构的裂缝宽度宜按《公路水下隧道设计规范》（JTG/T 3371—2022）附录 C 的规定计算，其裂缝宽度限值应符合表 10.3.3 的规定。

表 10.3.3 裂缝宽度限值

环境作用等级	A	B	C	D	E	F
裂缝宽度限值（mm）	0.20	0.20	0.15（0.20）	0.15	0.10	0.10

注：1. 环境类别及其作用等级按本规范第 11.0.2 条的规定划分。
　　2. Ⅰ-C、Ⅲ-C、Ⅳ-C 环境取 0.15，Ⅱ-C 环境取 0.20。

10.3.4 管节总沉降量应包括地基沉降量与垫层沉降量。

10.3.5 天然地基的管节总沉降量可按式（10.3.5）计算：

$$S = S_c + S_r + S_s \tag{10.3.5}$$

式中：S——管节总沉降量（mm）；
　　　S_c——基础垫层压缩量（mm）；
　　　S_r——地基土层回弹再压缩沉降量（mm）；
　　　S_s——地基土层的次固结沉降量（mm）。

10.3.6 基础垫层压缩量可按式（10.3.6）计算：

$$S_c = \sum_{i=1}^{n} \frac{\Delta H_i \cdot \Delta p}{E_i} \tag{10.3.6}$$

式中：S_c——基础垫层压缩量（mm）；
　　　ΔH_i——第 i 层基础垫层的厚度（m）；
　　　Δp——作用在基础垫层上的附加应力（kPa）；
　　　E_i——第 i 层基础垫层的变形模量（MPa）。

10.3.7 地基土层回弹再压缩沉降应考虑土体应力历史，正常固结黏性土的沉降可按式（10.3.7）计算：

$$S_r = \sum_{i=1}^{n} \frac{\Delta H_i \cdot C_{ei}}{1+e_{0i}} \lg\left(\frac{p_{0i}+\Delta p_i}{p_{0i}}\right) \qquad (10.3.7)$$

式中：S_r——地基土层回弹再压缩沉降量（mm）；

ΔH_i——第 i 层土的厚度（mm）；

C_{ei}——第 i 层土的回弹再压缩指数；

e_{0i}——第 i 层土的初始孔隙比；

p_{0i}——第 i 层土的初始自重应力（kPa）；

Δp_i——第 i 层土的平均附加应力增量（kPa）。

条文说明

沉管隧道的地基土经历基槽开挖卸载、管节安装与回填再加载的过程，管节安装后的沉降计算需采用与之相匹配的土体参数指标，如回弹再压缩指数 C_e 与压缩指数 C_c，其需要开展固结试验并通过如图 10-1 与图 10-2 所示的 e-$\lg p$ 曲线计算获得。

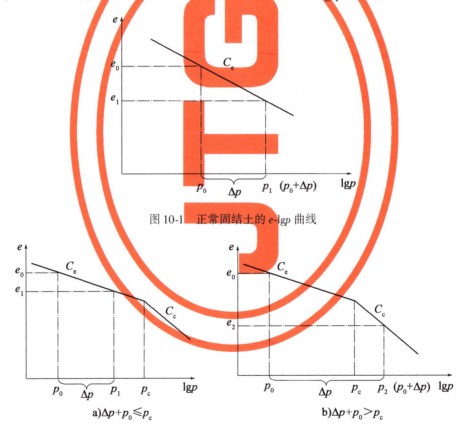

图 10-1 正常固结土的 e-$\lg p$ 曲线

图 10-2 超固结土的 e-$\lg p$ 曲线

p_c-地基土的前期固结压力

10.4 偶然状况和地震状况的分析计算

10.4.1 偶然状况下，沉管隧道主体结构的横断面受力分析应符合下列规定：

1 爆炸、沉船、落锚下，沉管隧道主体结构的承载力应按本规范第10.1.3条的规定验算。

2 火灾工况下，沉管隧道主体结构的承载力宜按现行《建筑钢结构防火技术规范》（GB 51249）的规定，考虑弹性模量和强度标准值折减进行计算。

10.4.2 沉管隧道的抗震设计方法宜符合表10.4.2的规定。

表10.4.2 沉管隧道的抗震设计方法

抗震设防类别	设防水平					
	Ⅵ	Ⅶ		Ⅷ		Ⅸ
	0.05g	0.10g	0.15g	0.20g	0.30g	0.40g
A类	2类	1类	1类	1类	1类	1类

注：1. 1类：进行E1地震作用和E2地震作用下的抗震分析和抗震验算，并满足抗震措施要求。
2. 2类：进行E1地震作用下的抗震分析和抗震验算，并满足抗震措施要求。
3. 抗震措施符合现行《公路隧道抗震设计规范》（JTG 2232）的规定。

10.4.3 沉管隧道的抗震设防目标与抗震性能要求应符合表10.4.3的规定。

表10.4.3 沉管隧道的抗震设防目标与抗震性能要求

构 件	E1 地震作用		E2 地震作用	
	设防目标	性能要求	设防目标	性能要求
主体结构	无破坏，功能保持震前状态	弹性	局部轻微损伤，不需维修或简单加固后可继续使用	弹性
剪力键、限位装置		弹性		局部弹塑性
止水带		弹性		局部弹塑性
基础		不液化		轻微液化

条文说明

借鉴国内外工程经验，E1设防水准可用线弹性模型进行抗震计算，要求地震时隧道主体结构及剪力键、限位装置等处于弹性状态并保持正常使用功能；E2设防水准允许管节结构或接头出现弹塑性过渡区，计算模型考虑材料的非线性特征，要求隧道主体结构仍处于屈服强度以内，限位装置可有轻微损伤，无须维修或简单加固即可保持正常使用。

10.4.4 沉管隧道的纵向地震计算应符合下列规定：

1 沉管隧道纵向地震反应计算宜采用动力时程分析法。

2 沉管隧道纵向地震反应计算模型应建立沉管段和衔接段的整体模型。

3 长及特长沉管隧道纵向分析宜考虑多点非一致激励的影响。

4 隧道主体结构内力、剪力键内力、限位装置内力、接头相对位移应按现行《公路隧道抗震设计规范》(JTG 2232)的规定进行验算。

条文说明

地震波在沉管隧道场地土层中传播的行波效应非常复杂,在隧道纵向各点引起的振动也存在相位、振幅的差异,因此采用多点非一致地震激励要比一致地震激励更能真实反映沉管隧道地震响应。必要时,需要开展振动台试验进行验证。

10.4.5 沉管隧道的横断面地震计算应符合下列规定:
1 沉管隧道的横断面地震反应计算,宜选用反应位移法或动力时程分析法。
2 隧道主体结构内力、抗滑移和周围地层稳定性应按现行《公路隧道抗震设计规范》(JTG 2232)的规定进行验算。

10.4.6 反应位移法、动力时程分析法及常用材料的本构模型,应符合现行《公路隧道抗震设计规范》(JTG 2232)的规定。

10.4.7 地震作用下地基承载力、基槽及回填稳定性验算宜符合现行《水运工程抗震设计规范》(JTS 146)的规定。

10.5 短暂状况的分析计算

10.5.1 应根据施工期间不同工况下可能出现的作用组合进行管节结构受力分析。

10.5.2 在浮运、沉放、对接阶段,管节和节段接头剪力键应按基本组合计算,永久作用分项系数按表10.2.8-1的规定取用,可变作用分项系数可按表10.5.2的规定取用。

表10.5.2 短暂状况下基本组合的可变作用分项系数

作用分类	作用名称	可变作用分项系数	
		不利	有利
基本可变作用	波浪力作用	1.4	
	水流作用	1.4	
其他可变作用	舾装荷载	1.2	1.0
	压载水自重	1.2	1.0
	不均匀性引起荷载	1.4	

注:波浪力作用、水流作用与不均匀性引起荷载对受力影响较小者,基本组合中其作用分项系数应乘以组合值系数0.75。

10.5.3 在浮运、沉放、对接阶段,节段接头的应力应按本规范第10.2.9条规定的作用组合计算，其压应力不宜小于0.30MPa。

10.5.4 钢壳混凝土管节的应力宜按开裂截面计算。混凝土压应力不应大于$0.50f_{ck}$，钢材的应力绝对值不应大于$0.75f_{sk}$，其中f_{ck}和f_{sk}分别为混凝土的抗压强度标准值、钢材的抗拉强度标准值。

11 耐久性设计

11.0.1 沉管隧道结构的耐久性设计应根据结构构件的设计使用年限、所处的环境类别及作用等级，确定材料耐久性指标、减轻环境作用效应的结构构造措施、防腐蚀附加措施。

条文说明

沉管隧道中钢筋混凝土结构和钢结构的耐久性设计一般步骤如图11-1所示。

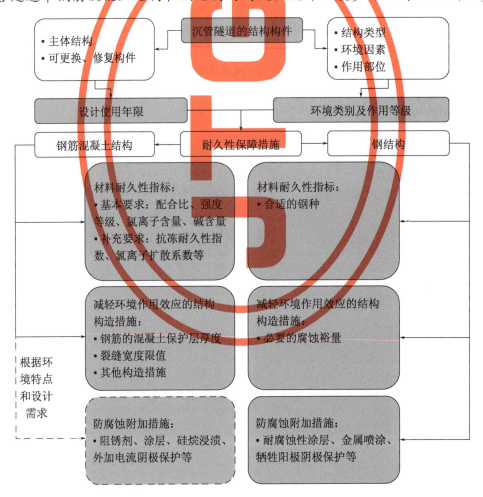

图 11-1　钢筋混凝土结构与钢结构的耐久性设计一般步骤

注：实线框图为必选项目，虚线框图为可选项目。

11.0.2 环境类别及作用等级的划分应符合表 11.0.2 的规定。

表 11.0.2 环境类别及作用等级的划分

环境类别		作 用 等 级					
		轻微	轻度	中度	严重	非常严重	极端严重
Ⅰ类	一般环境	A	B	C	—	—	—
Ⅱ类	冻融环境	—	—	C	D	E	—
Ⅲ类	海洋氯化物环境	—	—	C	D	E	F
Ⅳ类	除冰盐环境	—	—	C	D	E	—

注：1. 作用等级按《公路水下隧道设计规范》（JTG/T 3371—2022）附录 B 规定的环境条件划分。
　　2. 金属结构与构件可不考虑冻融环境（Ⅱ类）的影响。

11.0.3 结构构件应根据所处的局部环境条件，分区、分部位进行耐久性设计。当结构构件处于多种环境共同作用时，所采取的耐久性保障措施应满足每种环境单独作用下的耐久性设计要求，并考虑多种环境共同作用的相互影响。

11.0.4 当结构构件的设计使用年限、环境条件等有特殊要求时，应进行专门的耐久性研究与论证。

条文说明

港珠澳大桥海底隧道的主体结构采用120年设计使用年限，深中通道沉管隧道大规模采用钢壳混凝土管节，大连湾海底隧道处于寒冷地区的海洋氯化物环境。这些沉管隧道均开展了专门的耐久性研究，采取综合措施满足设计使用年限、环境条件等特殊要求。

11.0.5 钢筋混凝土构件中，混凝土的耐久性指标应符合下列规定：

1 水胶比、胶凝材料和矿物掺合料用量等混凝土配合比要求应符合现行《公路工程混凝土结构耐久性设计规范》（JTG/T 3310）的规定。

2 满足耐久性要求的混凝土最低强度等级应符合表 11.0.5-1 的规定。

表 11.0.5-1 满足耐久性要求的混凝土最低强度等级

环境作用等级		A	B	C	D	E	F
设计使用年限	100 年	C35	C35	C40	C45	C50	C50
	30 年	C25	C25	C30	C40	C45	C50

3 混凝土中氯离子含量、碱含量应符合现行《公路工程混凝土结构耐久性设计规范》（JTG/T 3310）的规定。

4 混凝土抗冻性的耐久性指数 DF 应符合表 11.0.5-2 的规定。

表 11.0.5-2 混凝土抗冻性的耐久性指数 DF（%）

设计使用年限	100 年			30 年		
环境条件	中度水饱和	高度水饱和	盐冻	中度水饱和	高度水饱和	盐冻
严寒地区	≥70	≥80	≥85	≥60	≥70	≥80
寒冷地区	≥60	≥70	≥80	≥50	≥60	≥70
微冻地区	≥60	≥60	≥70	≥45	≥50	≥60

注：1. 混凝土抗冻性的耐久性指数按现行《普通混凝土长期性能和耐久性能试验方法标准》（GB/T 50082）规定的方法进行检验。
  2. 中度水饱和指冰冻前偶尔受雨水或潮湿，混凝土内部水饱和程度不高；高度水饱和指冰冻前长期或频繁接触水或潮湿土体的混凝土；盐冻指接触氯化物时受冻。

5　对处于Ⅲ类和Ⅳ类环境的钢筋混凝土结构，混凝土抗氯离子渗透性能应符合表 11.0.5-3 的规定。

表 11.0.5-3 混凝土抗氯离子渗透性能

设计使用年限	100 年			30 年		
环境作用等级	D	E	F	D	E	F
氯离子扩散系数 D_{RCM}（28d 龄期，$\times 10^{-12} m^2/s$）	<8	<5	<4	<10	<7	<5
电通量（56d 龄期，C）	<1 200	<800	<800	<1 500	<1 000	<800

注：氯离子扩散系数和电通量按现行《普通混凝土长期性能和耐久性能试验方法标准》（GB/T 50082）规定的方法进行检验。

11.0.6　钢筋混凝土构件中，钢筋的混凝土保护层厚度不应小于被保护钢筋的公称直径或等效直径，且不应低于表 11.0.6 的规定。

表 11.0.6 混凝土保护层最小厚度（mm）

环境作用等级		A	B	C	D	E	F
设计使用年限	100 年	30	30	40	55	60	65
	30 年	20	25	30	45	45	55

注：1. 表中数值是按表 11.0.5-1 规定的最低混凝土强度等级确定的。
  2. 当混凝土强度高于最低等级 5MPa 以上时，保护层厚度最小值最多减少 5mm；按 100 年、30 年设计使用年限，保护层厚度最小值分别不得小于 30mm、20mm。

11.0.7　对暴露在混凝土构件外的预埋钢筋或钢结构，其埋入混凝土的锚固构件应与混凝土构件中的其他钢筋相隔离。

条文说明

  暴露在混凝土构件外的预埋钢筋或钢结构（如吊环、紧固件、连接件等）容易锈蚀，若这些构件与混凝土构件中的钢筋相接触，易形成电化学腐蚀的阴阳极，加速混凝土内部钢筋的锈蚀。

11.0.8 防腐蚀附加措施可采用钢筋阻锈剂、表面涂层、防腐面层、电化学防护等。

11.0.9 处于水位变动区及以下的钢结构宜采用相同的钢种；当采用不同钢种时，应采取消除电偶腐蚀的措施。

11.0.10 沉管隧道的钢结构宜设置必要的腐蚀裕量，应采取防腐蚀措施，并符合下列规定：
1 腐蚀裕量宜按现行《水运工程结构耐久性设计标准》（JTS 153）的规定计算。
2 防腐蚀措施可采用涂层保护、金属热喷涂保护、牺牲阳极阴极保护等。

条文说明

根据部分沉管隧道的调研情况，沉管隧道的钢结构既包括钢壳混凝土管节特有的钢壳，也包括各类管节均设置的钢端壳、GINA 止水带与 Ω 止水带的压件与紧固件、钢剪力键、永久性预埋件等。

11.0.11 金属热喷涂保护的钢结构构件与未喷涂金属涂层构件应电绝缘，或对未喷涂部位实施牺牲阳极阴极保护。

11.0.12 牺牲阳极阴极保护每一个设计单元或整体应电连接，电连接方式可采用对构件直接焊接、焊接钢筋或电缆连接等，连接点面积不应大于连接用钢筋或电缆的截面积，连接电阻不应大于 0.01Ω。

11.0.13 GINA 止水带与 Ω 止水带的老化性能、恒定压缩永久变形应符合本规范第 5.0.7 条的规定。

12 管节舾装设施

12.0.1 管节舾装设施应遵循安全可靠、便于拆装、经济合理的原则，开展端封墙、压载水装置、系缆柱、吊点、测量塔、导向装置、拉合装置、人孔等设计。

条文说明

管节舾装设施是舾装过程中安装于管节的各类设施设备的统称。管节舾装设施的布置与选型需考虑安装作业、管节操控、压载、防水等因素，一方面采用模块化构造、标准化作业，方便安装拆卸、提高综合效益，对于长、特长沉管隧道，尤需重视管节舾装设施的循环使用；另一方面采用成熟的技术方案，有效控制风险，确保施工安全。

12.0.2 端封墙应符合下列规定：
1 端封墙宜采用钢结构，考虑主要构件可重复使用等因素，采用标准化、模块化结构。
2 端封墙应满足施工期最大水压作用下受力、变形与防水要求。
3 端封墙应设置供人员和物资进出的舱门及施工所需的管线孔，其水密性应满足施工阶段防水要求。

条文说明

端封墙一般由面板、立柱及其支撑构件、防水构造组成，其构造示意如图 12-1 所示。

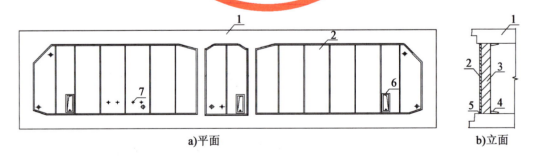

图 12-1 端封墙的构造示意
1-管节；2-面板；3-立柱；4-支撑构件；5-防水构件；6-舱门；7-管线孔

12.0.3 压载水装置应符合下列规定：
1 压载水装置宜在行车孔对称布置。
2 压载水装置的有效容积应考虑管节沉放倾角、预制误差等因素，满足本规范表3.0.5中沉放对接完成阶段的管节抗浮安全系数要求。

条文说明

压载水装置、压载管路和压载控制系统一并形成压载水系统，在设计文件中主要考虑压载水装置的设计，并为压载管路和压载控制系统的设置提供条件。

目前国内外已建的沉管隧道中，压载水装置主要有钢木结构或钢结构水箱、压载水袋（如荷兰 caland tunnel）。压载水装置一般位于行车孔，沿纵向和横断面对称布置，如图 12-2 所示。

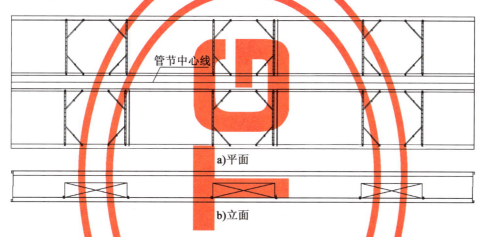

图 12-2 压载水装置的布置示意

12.0.4 系缆柱应符合下列规定：
1 系缆柱的数量和布置应满足浮运、系泊工艺要求，在管节顶面对称布置。
2 系缆柱宜采用钢结构，与管节的连接应便于快速拆装。
3 系缆柱及其连接应满足系缆力作用下受力、变形及管节防水要求。

条文说明

系缆柱的构造示意如图 12-3 所示。系缆柱常在寄存前安装，沉放后在水下拆卸。

12.0.5 吊点应符合下列规定：
1 吊点的数量和布置应满足管节与沉放驳连接、解除工艺要求，对称布置。
2 吊点宜采用钢结构，与管节的连接应便于快速拆装。
3 吊点及其连接应满足吊力作用下受力、变形及管节防水要求，吊力取值应考虑不同吊点受力不均匀性的影响。

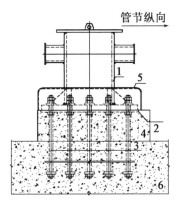

图 12-3 系缆柱的构造示意

1-系缆柱；2-预埋钢板；3-预埋螺栓；4-拉合台座；5-柱脚防护构造；6-管节顶板

条文说明

吊点的构造示意如图 12-4 所示。吊点常在寄存前安装，沉放后在水下拆卸。

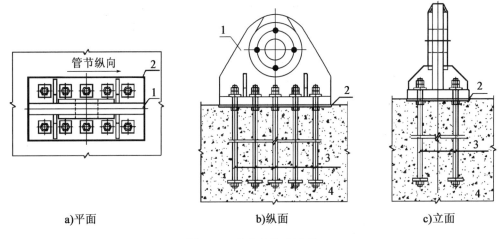

a)平面　　　　b)纵面　　　　c)立面

图 12-4 吊点的构造示意

1-吊点；2-预埋钢板；3-预埋螺栓；4-管节

12.0.6 测量塔应符合下列规定：

1 测量塔可在待沉放管节的尾端与对接端同时布置或仅尾端布置。
2 测量塔宜采用钢结构，与管节的连接应便于快速拆装。
3 测量塔应满足浮运与沉放工况的受力、变形要求。
4 测量塔的高度和结构刚度应满足管节测量精度要求。

12.0.7 导向装置可采用鼻托式结构或杆架式结构。

条文说明

鼻托式结构一般由鼻托和导向构件组成，其构造示意如图 12-5 所示。杆架式结构一般由导向杆及其支架、导向托架组成，其构造示意如图12-6所示。

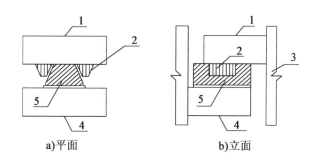

图12-5　鼻托式结构的构造示意
1-上鼻托；2-上部导向构件；3-管节；4下鼻托；5-下部导向构件

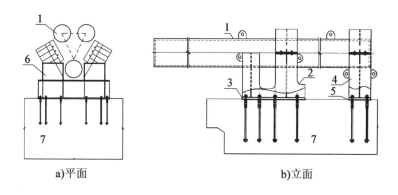

图12-6　杆架式结构的构造示意
1-导向杆；2-导向杆前支架；3-前支架预埋件；4-导向杆后支架；5-后支架预埋件；6-导向托架；7-管节

12.0.8 拉合装置应符合下列规定：

1　拉合装置可采用系缆柱或设置专用拉合台座，与拉合工艺和设备相适应。
2　拉合装置应满足拉合力作用下的受力和变形要求。

12.0.9 人孔应符合下列规定：

1　管节宜设置一个人孔，人孔的位置宜结合测量塔布置。
2　人孔井的直径宜取1.3~1.5m，管节预留孔的直径宜取0.8m，并应设置便于人员进入的爬梯、平台等设施与满足施工期防水要求的密封门及相关构造。
3　管节预留孔的封堵设计应满足使用阶段的受力、防水、耐久性要求，且相关要求不应低于管节结构。

条文说明

人孔为施工期临时构件，管节沉放完毕后，需及时封堵管节预留孔。国内已建沉管隧道中人孔的典型构造如图12-7所示。

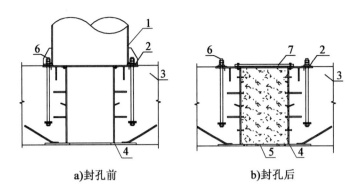

图 12-7 人孔的典型构造

1-人孔井；2-止水橡胶板；3-管节；4-预埋件；5-人孔底盖板；6-预埋螺栓；7-人孔顶盖板

13 路面与排水系统

13.1 路面

13.1.1 沉管隧道的路面应综合考虑工程结构条件、交通荷载、环境气候、施工条件及维养便捷性等因素进行设计，满足平整、耐久、抗滑、耐磨、环保等性能要求。

13.1.2 沉管隧道的路面宜采用复合式路面结构。沥青路面结构层宜取两层，总厚度宜取 80~100mm，应设防水黏结层。

条文说明

为保证沥青路面的平整度及耐久性，沥青路面基本不少于两层，同时设置防水黏结层，以提升沥青路面与混凝土调平层之间黏结整体性，路面结构的基本组成如图 13-1 所示。

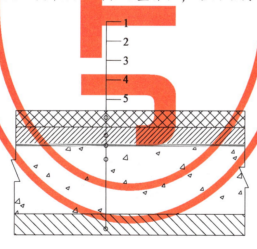

图 13-1 路面结构的基本组成

1-上面层；2-下面层；3-防水黏结层；4-混凝土调平层；5-压舱混凝土

13.1.3 沥青路面结构层应符合下列规定：

1 上面层宜采用改性沥青 SMA 或开级配抗滑磨耗层沥青路面（OGFC），最大公称粒径不宜小于 13.2mm。

2 下面层可采用浇注式沥青混合料、改性沥青 SMA、密级配改性沥青混合料，最大公称粒径不宜大于 16.0mm。

3 沥青混合料宜采用温拌沥青或净味沥青，上面层应采用阻燃沥青。

条文说明

沉管隧道内部施工空间受限，沥青路面摊铺厚度控制难度大。此外，混凝土基面的平整度通常较差，为保证沥青路面的压实效果及质量，下面层推荐采用细粒式混合料，厚度可调幅度更大，压实度易保障，密水性更优；上面层采用粗粒式沥青混合料，具有更优的抗滑及耐磨性能。

13.1.4 调平层混凝土的强度等级不应低于C30，素混凝土厚度不宜低于180mm，配筋混凝土厚度不宜低于80mm。

13.1.5 防水黏结层宜符合下列规定：
1 当下面层为温拌或热拌碾压类沥青混合料时，宜采用热熔沥青类防水黏结材料。
2 当下面层为浇注式沥青混合料时，宜采用水性或反应性防水黏结材料。

条文说明

考虑隧道空间及通风条件，防水黏结层不能采用含有大量挥发物或有溶剂的防水黏结材料。

13.1.6 接头处的路面应根据接头变形的设计值和监测数据进行设计，并符合下列规定：
1 管节接头处可采用聚氨酯类或高黏改性沥青类胶结料配制的混合物。
2 节段接头处可采用沥青防水卷材或应力吸收层技术。

13.1.7 调平层混凝土应采用抛丸或精铣刨工艺清除表面浮浆，形成粗糙、洁净、干燥的界面。混凝土表面存在裂缝、坑洞、金属物裸露时，应进行封闭处治。

13.1.8 调平层混凝土的施工缝、胀缝宜采用热熔型沥青防水卷材进行处治，卷材宽度宜为500~1000mm，不宜采用自黏型防水卷材。

条文说明

对较宽混凝土裂缝，一般采用灌沥青膏封闭方案；对未趋于稳定的裂缝，一般在裂缝处铺设厚3mm以上的热熔型SBS沥青防水卷材，提高沥青路面抗反射裂缝的能力。

13.2 排水系统

13.2.1 沉管隧道排水设计应考虑工程区域降雨特征、洞口地形条件与汇水面积、消防用水量，以及洞口防洪等因素，应遵循管路通畅、设备可靠、高效排除洞内积水的原则，形成洞内外完善通畅的排水通道。

13.2.2 沉管隧道排水系统应由洞口排水和洞内排水组成，并应符合下列规定：
1 应采用分类集中、高水高排、低水低排、互不连通的系统就近排放。
2 雨水与废水应分类排放，清洗废水、结构渗水和消防废水宜集中合并排放。
3 排水系统应采取强排措施，并在管道出口采取防倒灌措施。

条文说明

沉管隧道需分类、分区排水，洞口排水系统主要排除隧道敞开段雨水，洞内排水系统主要排除结构渗水、清洗废水和消防废水。隧道排水需根据所处区域排水体系和水质要求就近接入排水管网或水体。清洗废水、结构渗水和消防废水等废水通常排入污水管网或合流管网；雨水通常就近排入市政雨水管网或合流管网。

13.2.3 集水池和排水泵房设置位置宜符合下列规定：
1 洞口集水池和雨水泵房宜设置在靠近洞口的位置。
2 洞内集水池和废水泵房宜设置在洞内最低点附近。

条文说明

根据分类集中、高水高排的原则，洞口雨水泵房和集水池靠近洞口设置；洞内废水根据隧道纵坡分区，以重力流方式汇集至最低处集水池内，经水泵提升排出洞外。由于沉管隧道结构特点，设置独立的废水泵房和集水池难度大，一般设置在服务管廊下部，不能影响逃生通道的正常使用。

13.2.4 洞口排水系统应符合下列规定：
1 雨水设计流量宜按 100 年一遇暴雨强度计算，暴雨强度应采用当地暴雨公式及计算参数。
2 雨水泵房的排水能力不应小于雨水设计流量的 1.2 倍。
3 雨水泵房集水池的有效容积不应小于 5~10min 的雨水设计流量，并应满足水泵的安装检修要求。

条文说明

1 《城市地下道路工程设计规范》（CJJ 221—2015）暴雨重现期按 20 年计，《公路水下隧道设计规范》（JTG/T 3371—2022）暴雨重现期按 100 年计，港珠澳大桥海底隧道暴雨重现期按 120 年计。考虑到沉管隧道相对一般城市隧道救援难度大、防灾要求高，暴雨重现期按 100 年计。

2 为保障隧道运营安全，雨水泵房排水能力适当大于雨水设计流量，本规范按1.2倍考虑。

3 相关规范或工程案例中雨水泵房集水池有效容积取值见表13-1。考虑到雨水泵房通常位于洞口附近，设置条件相较于洞内排水泵房更好，本条规定雨水泵房集水池的有效容积不小于5~10min的雨水设计流量。

表13-1 相关规范或工程案例中雨水泵房集水池有效容积

相关规范或工程案例	雨水泵房集水池有效容积
《公路水下隧道设计规范》（JTG/T 3371—2022）	不应小于5~10min的雨水设计流量
《城市地下道路工程设计规范》（CJJ 221—2015）	集流时间宜为5~10min
《室外排水设计标准》（GB 50014—2021）	不应小于最大一台水泵30s的出水量
《道路隧道设计规范》（DG/TJ08-2033—2008）	不应小于最大一台水泵5min的出水量
港珠澳大桥海底隧道	不应小于最大一台排水泵15~20min的出水量

13.2.5 洞内排水系统应符合下列规定：
1 废水泵房排水能力宜取消防废水量的1.2~1.5倍。
2 废水泵房集水池有效容积不应小于最大一台排水泵15~20min的出水量。
3 水泵机组为自动控制时，每小时启动水泵不宜超过6次。

条文说明

1 洞内废水主要包括结构渗漏水、清洗废水和消防废水。消防废水量通常较大，结构渗水量较小，清洗废水通常不会同时出现，因此洞内废水泵房排水能力按消防废水量的1.2~1.5倍考虑。

2 相关规范或工程案例中废水泵站集水池有效容积取值见表13-2。由于沉管服务管廊空间有限，若集水池设置偏大则实施困难；若设置偏小则影响排水效率，因此参考港珠澳大桥海底隧道、深中通道沉管隧道，本条采用"不应小于最大一台排水泵15~20mim的出水量"作为集水池有效容积设计标准。

表13-2 相关规范或工程案例中废水泵房集水池有效容积

相关规范或工程案例	废水泵站集水池有效容积
《公路水下隧道设计规范》（JTG/T 3371—2022）	排水分区内一次性消防水量
《室外排水设计标准》（GB 50014—2021）	不应小于最大一台水泵30s的出水量
《建筑给水排水设计标准》（GB 50015—2019）	不宜小于最大一台污水泵5min的出水量
《地铁设计规范》（GB 50157—2013）	
港珠澳大桥海底隧道	不应小于最大一台排水泵15~20min的出水量
深中通道沉管隧道	

13.2.6 敞开段接地点处宜设置反坡形成排水驼峰，排水驼峰高度应根据排水重现

期、地形等综合确定。

条文说明

　　沉管隧道路面高程通常比两端的地面低，为防止周边地面雨水等汇入，通常在隧道引道两端接地点处设置反坡，形成排水驼峰。排水驼峰根据排水重现期、周边地形环境等综合确定。当无条件设置排水驼峰时，如隧道洞口直接接高架桥，需采取其他截水措施。

13.2.7　敞开段接近隧道洞口处应设置2~3处横向截水沟，并与雨水泵房集水池连通。横向截水沟不应影响行车安全。

13.2.8　洞内路面两侧宜设置排水边沟，坡度宜与隧道纵坡一致。

13.2.9　洞内纵坡最低点处宜设置横向排水管沟，将路侧排水边沟与废水泵房集水池连通。

14 附属构造

14.1 一般规定

14.1.1 附属构造应与主体结构、交通工程及附属设施统筹规划和相互协调，方便施工及后期养护。

14.1.2 水沟与电缆沟、装饰层、洞口减光构造物应根据使用功能设置，并应符合现行《公路水下隧道设计规范》（JTG/T 3371）的规定。

14.2 逃生通道

14.2.1 逃生通道应符合下列规定：
1 逃生通道宜设置在服务管廊内。
2 逃生口间距应综合考虑隧道长度、管节长度、交通量及组成、通风设施、灭火设施等因素确定，宜为100~150m。
3 逃生通道及逃生口的净宽不应小于1.2m，净高不应小于2.1m。

条文说明
  逃生口是紧急情况下隧道内人员逃生的紧急出口，其设置间距及宽度主要受人员疏散所需时间和人员安全疏散可用时间等因素影响。人员疏散所需时间主要由待疏散人员数量、逃生口宽度决定，而待疏散人员疏散能通过交通量及交通组成估算。人员安全疏散可用时间主要由交通量及组成、排烟系统、灭火设施等因素确定。此外，为了施工便利，逃生口间距还需考虑管节长度的因素。

14.2.2 逃生口应设置防火门，正常情况下应关闭。防火门开启方向应为疏散方向，应能在门两侧开启，并具有自动关闭功能。

14.3 防火保护

14.3.1 沉管隧道主体结构防火设计应符合下列规定：

1 A⁺级和 A 级隧道承载结构体的耐火极限不应低于 2.0h，耐火极限应采用 RABT 标准升温曲线测试。

2 B 级隧道承载结构体的耐火极限不应低于 1.5h，耐火极限应采用 RABT 标准升温曲线测试。

3 C 级和 D 级隧道承载结构体耐火极限不应低于 2.0h，耐火极限应采用 HC 标准升温曲线测试。

4 耐火极限的判定标准宜按现行《建筑设计防火规范》（GB/T 50016）执行。

5 当排烟道结构体为主体结构的一部分时，其受火面耐火要求应与主体结构相同。

条文说明

本条参照《建筑设计防火规范（2018 年版）》（GB 50016—2014），规定 B 级沉管隧道的耐火极限采用 RABT 标准升温曲线测试。

14.3.2 设于行车道上方的排烟管道为可更换支管道时，其耐火极限不应低于 1.0h，耐火极限的判定标准宜按现行《通风管道耐火试验方法》（GB/T 17428）的规定执行。

条文说明

当排烟道设于行车道上方时，排烟道受火灾高温影响，存在损毁可能，从而对排烟效果产生影响，因此设于行车道上方的排烟管道需采取防火保护措施。若该排烟管道仅为可更换支管道时，相较于主排烟管道可以适当降低耐火极限要求，但在火灾中需保证一定时间内排烟功能正常使用。

14.3.3 沉管隧道接头处应采取加强防火保护措施，火灾升温曲线应与主体结构一致。

条文说明

沉管隧道接头处是结构耐火的薄弱环节，需采取加强防火保护措施，保证止水带等接头构件性能不发生改变。

14.3.4 沉管隧道接头处防火保护设计应预留适应接头变形的伸缩量。

15 交通工程与附属设施

15.1 一般规定

15.1.1 交通工程与附属设施应与沉管隧道的主体结构、隧道两端的接线工程相协调，设置完善的交通安全设施、通风设施、照明设施、消防给水和灭火设施、供配电设施、中央控制管理系统及监控设施。

15.1.2 交通工程与附属设施配置等级和标准应符合现行《公路水下隧道设计规范》（JTG/T 3371）的有关规定，并按现行《公路隧道设计规范 第二册 交通工程与附属设施》（JTG D70/2）的有关规定校核。

条文说明

《公路水下隧道设计规范》（JTG/T 3371—2022）对交通工程与附属设施配置要求只有消防和监控设施，其他未包含设施的配置要求按现行《公路隧道设计规范 第二册 交通工程与附属设施》（JTG D70/2）的规定执行。

15.1.3 交通工程与附属设施的电气设备应采取防凝露措施。

15.2 交通安全设施

15.2.1 交通安全设施设计应简洁明晰，应能规范、诱导、指示车辆在隧道区域内安全运行。

15.2.2 交通安全设施的设计内容应包括交通标志、标线、轮廓标、视线诱导、限高、防撞等设施。

条文说明

《公路隧道设计规范 第二册 交通工程与附属设施》（JTG D70/2—2014）规定，交通标志包括隧道信息标志、隧道开车灯标志、隧道限高标志、隧道限宽标志、限速标志、紧急电话指示标志、消防设备指示标志、人行横通道指示标志、车行横通道指示标志、疏散指示标志、隧道出口距离预告标志、紧急停车带标志、公告信息标志、指路标志、线形诱导标等。标线包括车道边缘线、车道分界线、停止线、突起路标、立面标记等。同时，根据沉管隧道实际需求，补充相应的交通安全设施的设计。

15.2.3 入口前应设置交通标志和标线，并符合下列规定：
1 严禁危化品车辆通过时，应在隧道入口外相关路口设置公告信息标志。
2 入口前应连续设置限高标志，且不宜少于3次。最后一次应为硬杆型防撞门架，各次限高标志应保持一段距离。

条文说明

当危化品车辆不可避绕而通过沉管隧道时，需采取管控措施，确保安全通过。

15.2.4 出口前应设置交通标志，并符合下列规定：
1 隧道出口前应设置距离预告标志。
2 当出口接平交、立交、分叉口时，应提前设置指路标志。

15.2.5 隧道内应设置紧急电话标志、消防设备标志、逃生出口指示标志、疏散指示标志等；各标志除应符合现行《消防安全标志 第1部分：标志》（GB 13495.1）、《消防应急照明和疏散指示系统》（GB 17945）的规定外，尚应符合下列规定：
1 标志宜采用主动发光或照明式。
2 隧道两侧墙应设置疏散指示标志，两车道隧道设置间距不应大于50m，三车道及三车道以上设置间距不宜大于40m，安装高度距检修道顶不应大于1.3m。
3 逃生通道内疏散指示标志设置间距不应大于15m，安装高度距路面不应大于1.0m。
4 标志版面尺寸可根据隧道设计净空调整，版面文字大小应满足现行《公路交通标志和标线设置规范》（JTG D82）的要求。

条文说明

由于沉管隧道特殊光环境及汽车尾气油污的污染，传统的反光类标志无法长时间有效辨别，故采用主动发光或照明式标志，以增加沉管隧道标志的可识别性。

15.2.6 隧道内应统筹考虑通风设施、消防喷淋设施、车道指示器、可变信息标志及交通标志的设置，避免相互遮挡。

条文说明

目前国内已运营沉管隧道调研表明，大多数沉管隧道净空较山岭隧道净空低，机电设施、交通标志等设施容易出现遮挡问题，从而影响交通安全。在实际工程设计中可以借助驾驶模拟仿真分析，合理布设相关设施。

15.2.7 入口、出口及隧道内缓和曲线、上坡与下坡等路段应设置线形诱导标。

15.2.8 隧道入口、出口及隧道内小半径、长大下坡、合流段、分流段等路段前，宜设置减速标线。

条文说明

大多数沉管隧道入口、出口纵坡较大，且部分设有合流、分流匝道，驾驶环境变化较大，通常需设置相应的减速标线提醒驾乘人员减速驾驶。

15.2.9 当限制车行道的速度、控制车行道行驶车辆的类型、指定车行道前进方向或提示出口信息时，宜设置相应的路面文字标记。

15.2.10 入口、出口洞门、鼻端应设置立面标记，光线较暗处宜在标记前方增加射灯照明。

15.3 通风设施

15.3.1 通风方案应在总体设计时根据沉管隧道长度、交通状况及防灾排烟要求等因素，综合比选确定适宜的通风、排烟方式。

15.3.2 应根据隧道长度、断面大小、平纵线形、交通量、交通组成、火灾规模、人员逃生及环境保护等进行通风设计；通风设施应满足正常通行、交通阻滞时的通风换气功能，以及火灾事故时的通风排烟功能要求。

15.3.3 火灾工况机械防烟与排烟系统设计应符合下列规定：
1 长度大于1 000m的隧道应设置火灾机械防烟与排烟。
2 长度大于3 000m的隧道宜采用重点排烟方式。

条文说明

我国部分沉管隧道的通风排烟方式见表15-1。沉管隧道是否设置火灾机械防烟与排烟系统与隧道长度、纵坡、交通特征，以及气象条件等因素有关。

表 15-1 我国部分沉管隧道的通风排烟方式

隧道名称	设计速度（km/h）	长度（m）	通风排烟方式	备 注
上海外环隧道	80	2 880	纵向通风排烟	
天津海河隧道	60	3 300	纵向通风排烟	封闭段小于3 000m
南昌红谷隧道	50	3 000	纵向通风排烟	
港珠澳大桥海底隧道	100	6 700	纵向通风+重点排烟	
佛山东平隧道	50	1 380	纵向通风排烟	
深中通道沉管隧道	100	6 845	重点排烟	
大连湾海底隧道	60	5 100	分段纵向通风排烟	
襄阳鱼梁洲隧道	60	5 400	分段纵向通风排烟	

15.3.4 隧道逃生通道宜设置机械加压送风防烟设施，与行车孔之间压差不应低于30Pa。

条文说明

为防止火灾时烟气侵入逃生通道，采用机械加压送风保证逃生通道内一定的正压值，并为疏散人员提供需要的新鲜空气。

15.3.5 采用重点排烟的沉管隧道，其火灾排烟设计应符合下列规定：
1 隧道内纵向风速不宜大于2.0m/s。
2 重点排烟系统排烟口应设置在隧道顶部或侧壁上部，烟口间距不宜小于60m。

15.3.6 入口、出口、通风口的噪声及污染物排放应满足工程项目环境影响评价的相关要求。

15.4 照明设施

15.4.1 照明设计应根据公路等级、设计速度、设计交通量、工程环境及气候条件等因素选择照明设计参数。

15.4.2 照明设计应满足路面平均亮度、路面亮度总均匀度、路面中线亮度纵向均匀度、闪烁和诱导性要求。

15.4.3 隧道照明可划分为入口段照明、过渡段照明、中间段照明、出口段照明、洞外引道照明，以及洞口接近段减光构造物。

15.4.4 照明设计标准不应低于现行《公路隧道设计规范 第二册 交通工程与附属设施》(JTG D70/2)、《公路隧道照明设计细则》(JTG/T D70/2-01)的规定。

15.4.5 逃生通道应设置照明设施,亮度不应低于$1cd/m^2$。

条文说明

逃生通道的亮度标准参照《公路隧道设计规范 第二册 交通工程与附属设施》(JTG D70/2—2014)关于横通道亮度标准的规定。

15.5 消防给水和灭火设施

15.5.1 消防给水和灭火设施应根据使用功能需求、隧道及周边环境状况等进行综合设计,设计内容宜包括灭火器、消防给水设施、消火栓、固定式水成膜泡沫灭火装置、泡沫-水喷雾或细水雾自动灭火系统、气体灭火设施,必要时可设置隧道防灾救援站并配备专用设备、车辆。

15.5.2 灭火器设置应符合下列规定:
1 隧道内灭火器宜选用磷酸铵盐干粉手提式灭火器,灭火剂充装量应为5～8kg。
2 单洞双车道应在隧道一侧设置灭火器,纵向间距不应大于50m;单洞三车道及以上隧道应在两侧交错设置灭火器,单侧纵向间距不应大于45m。
3 地下变配电室、监控室、逃生通道宜设置灭火器。
4 灭火器应成组设置在灭火器箱内,灭火器箱门上应注明"灭火器"字样。

15.5.3 消火栓设计应符合下列规定:
1 消火栓应成组安装在消防箱内,消防箱宜安装在隧道侧壁消防洞室内。
2 单洞双车道隧道消火栓间距不应大于50m;单洞三车道、四车道隧道消火栓间距不应大于40m。
3 隧道洞外应设置室外消火栓和水泵接合器,室外消火栓距洞口距离宜为5～40m。
4 隧道内消火栓用水量不应小于20L/s,隧道外的消火栓用水量不应小于30L/s。火灾延续时间应按现行《公路隧道设计规范 第二册 交通工程与附属设施》(JTG D70/2)的有关规定执行。
5 当采用临时高压供水系统时,每个消火栓处应设置消火栓按钮。

15.5.4 泡沫-水喷雾灭火系统设计应满足下列规定:
1 喷雾强度不应小于$6.5L/(min·m^2)$,最不利点处喷头的工作压力不应小于0.35MPa,且喷头的选型和布置应避免喷雾受车辆遮挡的影响。
2 泡沫混合液连续供给时间不应小于20min,喷雾持续供给时间不应小于60min。

3 系统的设计流量应按式（15.5.4）计算：
$$Q_s = KQ_j \quad (15.5.4)$$
式中：Q_s——系统的设计流量（L/s）；
K——安全系数，应取 1.05～1.10；
Q_j——系统的计算流量（L/s）。

4 泡沫-水喷雾联用灭火系统的响应时间不应大于 45s。

15.5.5 寒冷地区的消防给水管道及消防水池应采取防冻保温措施。

15.6 供配电设施

15.6.1 供配电设施设计应符合下列规定：
1 系统构成应简单明确，电能损失小，便于管理和维护。
2 外部电源应采用双重电源，满足供电要求，供电质量可靠。
3 应采用符合国家现行有关标准的先进、环保、可靠的电气产品。

15.6.2 隧道电力负荷应根据供电可靠性和中断供电对人身生命、生产安全造成的危害及对经济影响的程度确定负荷等级。重要电力负荷的分级宜符合表 15.6.2 的规定。

表 15.6.2 隧道重要电力负荷分级

序号	电力负荷名称	负荷等级	
		交通工程等级 A[+]、A、B	交通工程等级 C、D
1	应急照明	一级[a]	一级[a]
	疏散及逃生照明		一级
	电光标志		
	监控设施		
2	消防水泵[b]	一级	二级
	废（雨）水泵		
	排烟风机、加压送风机		
	电动风阀、电动排烟阀		
	喷淋水泵、泡沫液泵		
3	非应急的照明设施	二级	二级
	通风风机[c]		
	消防补水水泵[d]		
4	其余隧道电力负荷	三级	三级

注：[a] 该一级负荷为特别重要负荷。
[b] 指为消防管道维持正常水压的加压水泵。
[c] 指除作为一级负荷以外的其他通风风机。
[d] 指为消防水池补水的给水泵。

条文说明

沉管隧道重要的电力负荷增加了疏散及逃生照明设施、废（雨）水泵、喷淋水泵、加压送风机、电动风阀和排烟阀。其中对于交通工程等级为 A+、A、B 的隧道疏散及逃生照明设施作为灾害情况下保障人员逃生疏散的关键设施，其电力负荷定为一级负荷中的重要负荷。废（雨）水泵、喷淋水泵、加压送风机、电动风阀和排烟阀作为保障隧道运营安全的设施，其电力负荷定为一级负荷。

15.6.3 电力电缆宜选用燃烧性能 B1 级及 B1 级以上、产烟毒性为 t0 级、燃烧滴落物/微粒等级为 d0 级的电线和电缆。

条文说明

沉管隧道低压配电电缆需选用低烟无卤或无烟无卤电缆，在发生火灾时其释放的烟气和有害物质较少，有利于人员疏散逃生。

15.6.4 沉管隧道配电回路应设置电气火灾监控系统。

15.7 中央控制管理系统及监控设施

15.7.1 中央控制管理系统的功能与控制方式、中央控制设施及软件应符合现行《公路隧道设计规范 第二册 交通工程与附属设施》（JTG D70/2）的规定，可实现外场设备数据接收、存储、处理、显示及发布。

15.7.2 隧道监控应设置完善的交通监控及诱导设施，包括车辆检测器、交通信号灯、车道指示器、可变信息标志、可变限速标志、区域控制器、环境监测设施等。

15.7.3 隧道行车道内摄像机直线段设置间距不应大于 150m，曲线段设置间距可根据光学距离适当减小，应能连续监测隧道内的运行情况。

条文说明

为能连续监视沉管隧道的运行情况，摄像机的设置间距不超过 150m，在隧道洞口、隧道曲线段，匝道分流、合流处可补充设置。

15.7.4 隧道应设置火灾报警控制器、火灾探测器、手动报警按钮、声光报警器等火灾自动报警设施，并应符合现行《火灾自动报警系统设计规范》（GB 50116）、《线型感温火灾探测器》（GB 16280）的规定。

15.7.5 隧道内应同时采用两种火灾探测器，除应设置线型感温火灾探测器外，尚应设置点型红外火焰探测器或图像型火灾探测器。火灾探测器的设置应保证无探测盲区，报警时能准确指示出发生火灾的探测区域位置，并应符合下列规定：

1 隧道内每根线型感温火灾探测器探测车道数不应超过2条。
2 火灾自动报警宜与隧道中设置的视频监视系统联动确认火灾。
3 消防设备与火灾自动报警系统联动控制时，其联动触发信号应采用两个独立的报警触发装置报警信号的"与"逻辑组合。

15.7.6 逃生通道、强电电缆通道、设备房、工作间等应设置火灾自动报警设施。

15.7.7 中央控制室、消防控制室内设置的消防水泵、防烟和排烟风机、水喷雾设施等控制设备除应采用联动控制方式外，尚应设置手动直接控制装置。

条文说明

本条参照《火灾自动报警系统设计规范》（GB 50116—2013）的有关规定，主要用于确保沉管隧道内消防相关设备能在火灾初期及时、有效启动。

15.7.8 隧道内应设置紧急电话，并应符合下列规定：

1 紧急电话主机宜设置于中央控制室。
2 隧道内、逃生通道内紧急电话分机设置间距不宜大于200m。
3 紧急电话分机宜设置于逃生通道疏散口附近、隧道入口、隧道出口、设备房、工作间等。
4 广播设施宜设置在隧道入口、出口及疏散出口处，隧道内设置间距不宜大于50m。

15.7.9 隧道内应设置全隧道覆盖的无线通信信号，并满足日常管理、应急防灾的需求。

16 结构监测

16.0.1 沉管隧道结构监测应按施工期和运营期两阶段开展工作。

条文说明

施工期监测工作旨在及时掌握施工各阶段隧道结构和周边环境的实际状态，为实现动态设计和信息化施工、保障施工期结构安全提供数据。运营期监测工作旨在及时掌握使用阶段的结构状况，为科学评估、保障安全耐久提供数据。

对于施工期和运营期两阶段都需要开展的监测项目，如结构应力、沉降、位移、接头张开量等，在具备实施条件的情况下，鼓励贯彻永临结合、同步设计理念，统筹考虑施工期和运营期断面选择、测点位置和两阶段监测数据衔接等工作。

16.0.2 结构监测宜采用仪器监测与人工巡检相结合的方法采集数据。

条文说明

人工巡检能够及时发现隧道结构裂缝、管节结构或接头渗漏水、剪力键锈蚀、剪力键支座错位变形等异常情况，与仪器监测互为补充。

16.0.3 人工巡检宜以目测为主，应重点关注隧道结构开裂、渗漏水、路面、附属构造等病害或异常情况。

16.0.4 仪器监测项目应符合下列规定：
1 施工期结构监测项目应符合表16.0.4-1的规定。

表16.0.4-1 施工期结构监测项目

序号	施工阶段	监测对象	监测项目	监测方法或仪器	监测要求
1	管节制作期	管节结构	混凝土应力	应变计	○
2			钢壳应力	应变计	○
3			钢筋应力	钢筋计	○
4	基槽开挖、管节安装期	管节结构	混凝土应力	应变计	○
5			钢壳应力	应变计	○
6			钢筋应力	钢筋计	○

续上表 16.0.4-1

序号	施工阶段	监测对象	监测项目	监测方法或仪器	监测要求
7	基槽开挖、管节安装期	基槽	基槽坡面形态	水下地形测量	√
8			基槽回淤	多波束声呐或回淤盒	√
9		其他	端封墙应力或变形	应力计或位移计	○
10	回填与压载置换期、恒载期	隧道整体	隧道竖向位移	水准仪	√
11			隧道水平位移	全站仪	√
12		管节结构	混凝土应力	应变计	○
13			钢壳应力	应变计	○
14			钢筋应力	钢筋计	○
15		管节接头	张开量	轴向位移计	√
16			竖向错位量	位移计	○
17			横向错位量	位移计	○
18			限位装置应力	应力计或轴力计	○
19			剪力键应力	应力计	○
20		其他	裂缝宽度	裂缝计	○

注："√"为必测项目，"○"为选测项目。

2 运营期结构监测项目应符合表 16.0.4-2 的规定。

表 16.0.4-2 运营期结构监测项目

序号	监测对象	监测项目	监测方法或仪器	监测要求
1	河（海）床	河（海）床变化	多波束声呐	√
2		覆盖层厚度	多波束声呐	○
3		水位变化	水位尺	○
4	隧道整体	隧道竖向位移	水准仪	√
5		隧道水平位移	全站仪	√
6	管节结构	混凝土应力	应变计	○
7		钢壳应力	应变计	○
8		钢筋应力	钢筋计	○
9	管节接头	张开量	位移计	√
10		竖向错位量	位移计	○
11		横向错位量	位移计	○
12		剪力键应力	应力计	○
13		限位装置应力	应力计或轴力计	○
14	其他	裂缝宽度	裂缝计	○
15		泵房水位	液位计或水位计	○
16		结构腐蚀	腐蚀计或阳极梯	○

注：1. "√"为必测项目，"○"为选测项目。
2. 处于基底软硬不均地段、覆土厚度变化较大地段、衔接段、高水压段、受径流或冲刷淤积影响较大段落时，管节接头竖向、横向错位量为必测项目。
3. 处于Ⅲ类或Ⅳ类环境的沉管隧道，结构腐蚀为必测项目。
4. 沉管隧道覆盖层厚度可由河（海）床变化监测数据推算得到。

16.0.5 仪器监测项目可根据监测频率要求选用自动化监测或人工监测手段。

条文说明

对于管节结构应力、管节接头张开量等监测频率要求高、人工采集难度大的监测内容，适合选用自动化监测手段。同时，突发事件或异常情况下的监测也多选用自动化监测手段。对于运营期隧道竖向位移、水平位移等监测频率要求不高的项目，根据实施条件选用自动化监测或人工监测手段。

16.0.6 结构受力和位移监测点应布置在受力和位移关键特征断面的特征点上，应能反映监测对象的实际状态、内力或位移等变化规律。纵向监测断面选择应重点考虑下列位置：

1 覆盖层厚度较大及上覆荷载变化较大地段、水深较大地段；
2 基底地质条件纵向变化较大地段；
3 隧道横断面尺寸变化部位；
4 纵向受力较大部位；
5 管节接头与节段接头；
6 结构初始缺陷或病害部位。

条文说明

管节接头与节段接头是位移关键特征断面，其他位置为受力和变形关键特征断面。结合相关经验，沉管隧道竖向位移、水平位移监测断面重点选择接头两侧及管节中间，接头张开量、接头竖向错位量和接头横向错位量监测断面选择管节接头和管节与衔接段接头处。

16.0.7 横断面内监测点位置宜根据结构分析计算结果确定，应重点考虑下列位置：

1 混凝土应力、钢壳应力监测点宜选择结构顶板、底板、侧墙中部等受力较大的部位，在结构表面布置。
2 钢筋应力监测点宜选择结构顶板、底板、侧墙中部等受力较大的部位，在结构内侧和外侧主筋上成对布置。
3 竖向位移和水平位移监测点宜选择侧墙、中墙底部，每个监测断面不宜少于2个监测点。相邻管节位移监测点宜沿管节接头对称布设。
4 管节接头张开量、竖向错位量和横向错位量监测点应布设在接头两侧的侧墙或顶板上，每个监测断面不宜少于2个监测点。

条文说明

两孔一管廊沉管结构应力和位移监测布点位置示意如图16-1和图16-2所示。

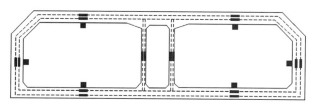

图 16-1 管节受力监测点布置位置示意
■-表面应力；—-钢筋应力

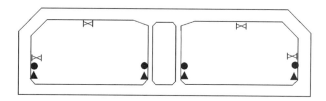

图 16-2 管节位移监测点布置位置示意
●-水平位移；▲-竖向位移；⋈-接头张开量

16.0.8 监测数据采集精度应满足结构工作状态评估及预报预警的需要，且不宜低于表 16.0.8 的要求。

表 16.0.8 沉管隧道结构监测精度要求

序号	监测类别	监测项目	精度要求
1	位移监测	竖向位移、水平位移	0.2mm
2		管节接头张开量、管节接头竖向错位量、横向错位量	0.1mm
3	受力监测	混凝土应力、钢壳应力、钢筋应力	0.01MPa
4		剪力键应力、限位装置应力	0.01MPa
5	其他	基槽回淤	$0.5\%H_a$
6		河（海）床变化、覆盖层厚度	$0.5\%H_a$
7		水位变化	0.01m
8		泵房水位	10mm
9		裂缝宽度	0.1mm

注：H_a 为测试水深（m）。

16.0.9 监测设备和元器件选择及其参数应根据监测内容确定，并符合下列规定：

1 监测设备和元器件应稳定、可靠。

2 监测元器件应满足监测精度和使用环境的要求，最大量程不宜大于设计值的 2 倍，精度不宜低于 0.5% F.S，分辨率不宜低于 0.2% F.S。

3 监测元器件使用年限应与监测周期相适应。施工期监测的元器件使用年限不应低于施工周期；运营期监测的预埋式元器件使用年限不宜低于 10 年，表面安装式元器件使用年限不宜低于 5 年。

4 监测元器件失效后应及时更换或采取其他有效措施，保障监测数据的连续性。

条文说明

根据监测时限选择合适的监测元器件，在满足监测时限要求的前提下，尽可能采用使用年限长的监测元器件。当前运营期桥隧结构监测系统一般每 5 年左右开展一次系统性硬件维护，因此，规定预埋式监测元器件使用年限不宜低于 10 年，表面安装式元器件使用年限不宜低于 5 年。预埋式监测元器件接近或达到设计使用年限时，一般通过在结构表面安装传感器保证监测数据的连续性。

16.0.10 监测频率应根据沉管隧道所处地质条件、受力条件、设计结果及工程经验等因素确定，并符合下列规定：
1 监测频率应能监测相关项目的重要变化过程而又不遗漏其变化时刻。
2 监测频率应根据荷载工况和环境变化动态调整。
3 当出现异常情况或临近预警状态时，应提高监测频率。

16.0.11 监测项目控制值应根据沉管隧道所处地质条件、受力条件、设计结果及工程经验等因素确定，满足隧道设计及周边环境中被保护对象的控制要求。

16.0.12 运营期宜建立结构监测系统，应符合下列规定：
1 系统设计使用年限应根据监测需要，并结合主体结构设计使用年限确定。
2 结构监测系统应具备数据采集、数据传输、数据分析和预警预报等功能，并可根据要求对结构监测系统的功能进行扩展。
3 结构监测系统宜与运营管理系统统一考虑。

条文说明

沉管隧道结构监测贯穿隧道全寿命周期，结构监测系统的设计使用年限与隧道设计使用年限保持一致，以保证结构监测数据的连续性和完整性。

随着信息技术、传感器技术，以及隧道管理方式的提升，结构监测系统在隧道设计使用年限内不可避免地会进行系统升级和新功能扩展。当进行结构监测系统升级时，需向下兼容功能和数据。同时，结构监测系统具备根据使用要求进行功能扩展的基础，以满足增加监测内容、录入人工巡检数据和更新预警预报模型的需求。

结构监测系统与运营管理系统的建设需统一考虑，以打通数据传递通道，实现快速查询和提取监测成果，实现管养数据和监测数据综合分析。

17 风险分析

17.0.1 沉管隧道在设计阶段应开展风险分析,优化风险控制措施,实现风险的有效动态管控。

条文说明

沉管隧道处于内河或外海环境,建设条件复杂。需要开展主体结构设计、防水设计、接头设计、基础与回填设计及耐久性设计等,设计方案技术难度大;施工环节包括管节制作、浮运、沉放、对接等,对施工装备和施工技术要求高;运营期可能出现基础不均匀沉降、结构和接头渗漏水等安全风险事件。沉管隧道在建设和运营期风险源多、关联复杂,因此,在设计阶段进行风险分析十分必要,风险分析结果能为方案决策提供依据,并提出高风险源的控制措施,实现工程风险的有效管控。

17.0.2 风险分析应包括风险源辨识、风险因素与风险事件分析、风险等级评估,并应提出风险处置措施与建议。

17.0.3 风险分析内容应包括建设条件、结构方案、施工技术及运营管理等方面。各设计阶段风险分析内容应有不同侧重点,并符合下列规定:
 1 可行性研究阶段重点分析线位及工法选择的合理性。
 2 初步设计阶段重点分析隧道总体布置、结构方案及施工方法的合理性与可靠性。
 3 施工图设计阶段重点分析结构方案、施工中面临的重大风险,并提出风险控制措施与建议。

条文说明

在可行性研究阶段,主要针对工程地质、区域发展规划等建设条件,重点辨识分析不同线位、工法可能存在的重大风险。

在初步设计阶段,根据勘察与设计文件,从隧道建设条件、结构方案、施工技术及运营管理等方面进行风险源与风险事件的辨识,综合分析工程潜在的风险,为总体设计、结构设计、施工筹划、防灾救援等方案决策提供依据。

在施工图设计阶段,结合初步设计审查意见,重点对结构、施工工法、施工方案等可能存在的风险进行分析。对于典型风险，在采取措施后风险等级仍较高，且无法通过设计降低时，需要制订合理可行的应急预案。

17.0.4 沉管段宜按表17.0.4-1～表17.0.4-3所列的典型风险源及风险事态开展风险分析。

表17.0.4-1　可行性研究阶段的典型风险源及风险事态

设计内容	典型风险源及风险事态
气象条件	风速、气温、降水量的极端值或灾害性天气对沉管法适应性的影响
地质条件	地形地貌、地层岩性、区域地质与地震、不良地质、特殊性岩土等对沉管法适应性和隧道位置影响
水文条件	区域水深、潮汐、径流、风暴潮等对沉管法适应性的影响
周边环境	周边航道对管节浮运、安装的制约和影响； 隧道建设及运营对远期航道、周边环境的影响
总体设计	隧道线位选择、沉管法选择的合理性和可靠性

表17.0.4-2　初步设计阶段的典型风险源及风险事态

设计内容	典型风险源及风险事态
气象条件	风速、气温、降水量的极端值或灾害性天气对结构安全和施工安全的影响
地质条件	地形地貌、地层岩性、区域地质与地震、不良地质、特殊性岩土等对结构安全和施工安全的影响
水文条件	水深、流速、潮流等对基槽边坡稳定性、沉管浮运和安装的影响； 水体腐蚀性对隧道结构耐久性的影响
周边环境	隧道线位选择、沉管施工、管节预制场及临时浮运航道等对隧址周边重要建（构）筑物及周边环境的影响； 洪季水砂、周边采砂活动、周边军事活动等对沉管施工的影响
总体设计	隧道位置、平纵线形、横断面构造、沉管段布置、防灾救援等设计方案的合理性与可靠性
管节结构	纵向结构形式、结构设计方案的安全性与耐久性； 接头结构、接头防水、接头防火设计方案的安全性与耐久性； 钢壳混凝土沉管等新型结构的安全性与耐久性
最终接头	最终接头设计方案的安全性与耐久性、最终接头施工风险
结构计算	沉管隧道设计方法不完善、采用不同行业标准可能存在的结构计算风险
基础、基槽	地基处理、基槽与基础形式存在的风险
回填	回填设计方案的安全性与合理性
大临工程	管节预制场、临时航道、舾装与系泊场地选址等设计存在的风险
施工技术	管节预制、基槽开挖、地基处理、浮运、沉放、安装、回填等环节施工风险； 特殊工艺存在的风险
施工装备	沉管隧道施工专用装备、新型装备存在的风险

表 17.0.4-3 施工图设计阶段的典型风险源及风险事态

设计内容	典型风险源及风险事态
气象条件	灾害性天气对隧道施工和运营安全产生的影响
地质条件	本阶段新揭示不良地质、地质条件变化对结构安全和施工安全的影响
水文条件	本阶段新揭示水文条件及其变化对结构安全和施工安全的影响
周边环境	隧道施工对周边环境的影响
总体设计	隧道总体设计方案存在的合理性和可靠性风险
管节结构	管节结构设计方案存在安全性与耐久性风险
最终接头	最终接头设计方案安全性与耐久性风险
基础、基槽	基槽边坡稳定性风险
回填	回填设计方案的安全性与合理性
施工技术	管节预制大体积混凝土浇筑风险； 管节预制、基槽开挖、地基处理、浮运、沉放、对接、回填等环节施工风险； 最终接头施工风险
施工装备	沉管隧道施工专用装备、新型装备存在的风险

17.0.5 风险分析步骤应按现行《公路水下隧道设计规范》（JTG/T 3371）的相关规定执行，宜符合下列规定：

1 分段开展建设条件、结构方案风险分析。
2 按施工环节划分单元开展施工技术风险分析。
3 按隧道工程整体开展运营管理风险分析。

条文说明

沉管隧道沿纵向的地质条件、周边环境、结构方案可能存在一定差异，建设条件、结构方案等方面风险分析需分段进行。分段划分通常按单个管节进行，对于地质条件、周边环境和结构方案相似的管节可以合并分析。

沉管隧道施工主要涉及管节制作、基槽开挖、浮运、沉放、对接、回填覆盖等环节，施工环节安全风险复杂。施工技术风险分析需按施工环节进行单元划分。

17.0.6 风险分析方法可采用定性分析方法、定量分析方法和综合分析方法，宜根据工程特点和各阶段风险特点合理选取。

条文说明

常用定性分析方法有专家调查法；常用定量分析方法有层次分析法、模糊数学法和蒙特卡罗法；常用综合分析方法有模糊层次综合分析法、工程类比分析法和事故树法。

17.0.7 风险等级应根据风险事件发生概率和风险事件损失等级进行划分，宜按表17.0.7的规定分为Ⅰ级、Ⅱ级、Ⅲ级和Ⅳ级。

表17.0.7 风险等级判别表

风险事件发生概率 P_f		风险事件损失等级				
		1	2	3	4	5
		很小	较小	较大	很大	极大
1	几乎不可能发生或 $P_f<0.0003$	Ⅰ	Ⅰ	Ⅱ	Ⅱ	Ⅲ
2	很少发生或 $0.0003 \leq P_f < 0.003$	Ⅰ	Ⅱ	Ⅱ	Ⅲ	Ⅲ
3	偶然发生或 $0.003 \leq P_f < 0.03$	Ⅱ	Ⅱ	Ⅲ	Ⅲ	Ⅳ
4	可能发生或 $0.03 \leq P_f < 0.3$	Ⅱ	Ⅲ	Ⅲ	Ⅳ	Ⅳ
5	频繁发生或 $P_f \geq 0.3$	Ⅲ	Ⅲ	Ⅳ	Ⅳ	Ⅳ

注：1. P_f 为风险事件发生的概率。
2. 风险事件损失等级按《公路水下隧道设计规范》（JTG/T 3371—2022）附录G判断。

17.0.8 初步设计阶段残留风险等级不应大于Ⅲ级，施工图设计阶段残留风险等级不应大于Ⅱ级。

条文说明

本条参照《公路水下隧道设计规范》（JTG/T 3371—2022）提出的风险水平接受准则（表17-1）。初步设计阶段主要侧重于方案比选与工法选择的合理性，因此不希望出现不期望与不可接受的风险。对于评估结果为Ⅳ级的风险，需要修改设计方案；评估结果为Ⅲ级的风险，需要进行设计补充，提出针对性的风险控制措施建议。施工图设计阶段，不希望存在大于Ⅱ级的风险。当不可避免出现Ⅲ级风险时，需要进一步优化设计方案，采取风险控制措施或制订应急预案，同时开展风险再评估，并给出残留风险。

表17-1 风险水平接受准则

风险等级	接受准则
Ⅰ	风险水平可以接受，当前应对措施有效，不必采取额外技术、管理方面的预防措施
Ⅱ	风险水平有条件接受，工程有进一步实施预防措施以提升安全性的必要
Ⅲ	风险水平有条件接受，必须实施削减风险的应对措施，并需要准备应急计划
Ⅳ	风险水平不可接受，必须采取有效应对措施将风险等级降低到Ⅲ级及Ⅲ级以下水平；如果应对措施的代价超出项目法人（业主）的承受能力，则更换方案或放弃项目执行

附录 A 双层钢板-混凝土组合结构的计算

A.0.1 双层钢板-混凝土组合结构应进行正截面承载力、斜截面抗剪承载力、钢-混界面抗剪承载力验算（图 A.0.1）。

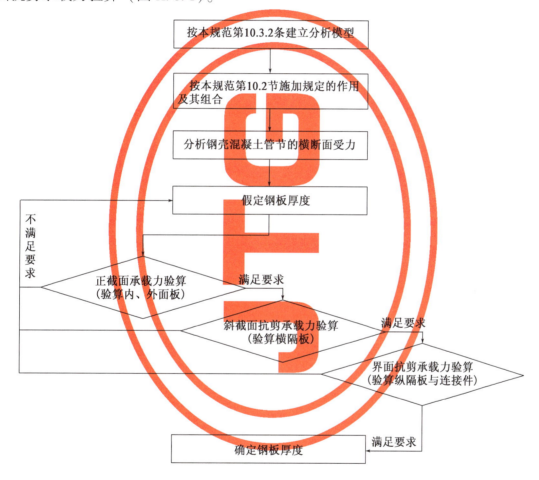

图 A.0.1 双层钢板-混凝土组合结构的承载能力极限状态验算

A.0.2 双层钢板-混凝土组合结构的正截面承载力应按下列基本假定计算：
1 截面应变保持平面。
2 不考虑混凝土的抗拉强度。
3 不考虑横隔板的承载力贡献。
4 面板的应力等于应变与其弹性模量的乘积，并满足式（A.0.2）的要求：

$$-\frac{f'_{\text{sk}}}{\gamma_s} \leqslant \sigma_s \leqslant \frac{f_{\text{sk}}}{\gamma_s} \tag{A.0.2}$$

式中：σ_s——面板的应力，正值表示拉应力、负值表示压应力；

f'_{sk}，f_{sk}——面板的抗压强度标准值和抗拉强度标准值；

γ_s——钢材的材料分项系数，按表 10.1.3 的规定取用。

A.0.3 偏心受压构件的正截面承载力计算时，受压区混凝土压应力应符合下列规定：

1 受压区混凝土的压应力图形可简化为等效的矩形应力图。

2 当混凝土强度等级为 C50 及 C50 以下时，矩形应力图高度与实际受压区高度的比值 β 取 0.80。

3 矩形应力图的混凝土压应力取 $\dfrac{f_{\text{ck}}}{\gamma_c}$，其中 f_{ck} 为混凝土的轴心抗压强度标准值，γ_c 为混凝土的材料分项系数，按表 10.1.3 的规定取用。

A.0.4 受拉侧或受压较小侧面板的应力（图 A.0.4）应按式（A.0.4）计算，并符合本规范第 A.0.2 条第 4 款的规定。

$$\sigma_s = \varepsilon_{\text{cu}} E_s \left[\frac{\beta(h_0 - t'_s)}{x} - 1 \right] \tag{A.0.4}$$

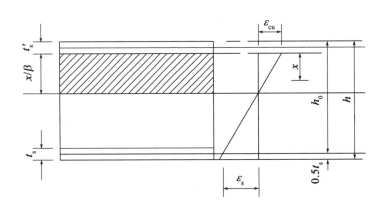

图 A.0.4 矩形截面偏心受压构件的正截面应变计算

式中：x——截面受压区矩形应力图的高度；

h_0——截面受压较大侧边缘至另一侧面板中心的距离，$h_0 = h - 0.5t_s$；

h——截面高度；

t'_s，t_s——分别为受压较大侧、另一侧的面板厚度；

E_s——面板的弹性模量；

ε_{cu}——截面非均匀受压时混凝土的极限压应变，当混凝土强度等级为 C50 及 C50 以下时，$\varepsilon_{\text{cu}} = 0.0033$。

A.0.5 矩形截面偏心受压构件的正截面抗压承载力(图A.0.5)应满足式(A.0.5-1)~式(A.0.5-3)的要求：

$$\gamma_0 N_d \leq \frac{f_{ck}}{\gamma_c}bx + \frac{f'_{sk}}{\gamma_s}A'_s - \sigma_s A_s \qquad (A.0.5\text{-}1)$$

$$\gamma_0 N_d e \leq \frac{f_{ck}}{\gamma_c}bx\left(h_0 - t'_s - \frac{x}{2}\right) + \frac{f'_{sk}}{\gamma_s}A'_s\left(h_0 - \frac{t'_s}{2}\right) \qquad (A.0.5\text{-}2)$$

$$e = e_0 + \frac{h - t_s}{2} \qquad (A.0.5\text{-}3)$$

式中：e——轴向力作用点至截面受拉侧或受压较小侧面板中心的距离；

e_0——轴向力对截面重心轴的偏心距，$e_0 = M_d/N_d$；

N_d，M_d——分别为轴向力设计值、相应于轴向力的弯矩设计值；

b——截面的计算宽度；

A'_s，A_s——分别为受压较大侧、另一侧的面板面积，$A'_s = bt'_s$，$A_s = bt_s$；

σ_s——截面受拉侧或受压较小侧面板的应力；当$x/h_0 \leq \xi_b$时，取$\sigma_s = \frac{f_{sk}}{\gamma_s}$；当$x/h_0 > \xi_b$时，$\sigma_s$按本规范第A.0.4条的规定计算。

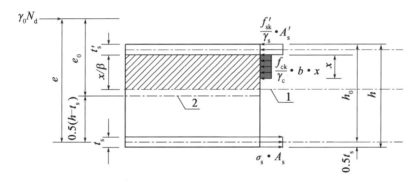

图A.0.5 矩形截面偏心受压构件正截面抗压承载力计算
1-截面中性轴；2-截面重心轴

A.0.6 相对界限受压区高度ξ_b应按式（A.0.6）计算：

$$\xi_b = \frac{\beta}{1 + \dfrac{f_{sk}}{E_s \varepsilon_{cu} \gamma_s}} \qquad (A.0.6)$$

A.0.7 当满足式（A.0.7-1）的要求时，双层钢板-混凝土组合结构在计算截面至剪切跨径中心的分段（图A.0.7）可不进行斜截面抗剪承载力的验算，仅需按构造要求配置横隔板。

$$\gamma_0 V_d \leq 1.0 \times 10^{-3} f_{vcd} b h_0 / \gamma_{vc} \qquad (A.0.7\text{-}1)$$

$$f_{vcd} = \max\left[0.20\left(\frac{f_{ck}}{\gamma_c}\right)^{1/3}\beta_h\beta_P\beta_N k, \ 0.19\left(\frac{f_{ck}}{\gamma_c}\right)^{1/2}\beta_h\beta_P\beta_l\right] \quad (A.0.7\text{-}2)$$

$$\beta_h = (1\,000/h_0)^{1/4} \leqslant 1.5 \quad (A.0.7\text{-}3)$$

$$\beta_P = (100P)^{1/3} \leqslant 1.5 \quad (A.0.7\text{-}4)$$

$$\beta_N = \begin{cases} 1 + M_{cr}/M_d \leqslant 2.0 & \text{受压构件} \\ 1 + 2M_{cr}/M_d \geqslant 0 & \text{受拉构件} \end{cases} \quad (A.0.7\text{-}5)$$

$$\beta_l = \frac{5}{1 + \left(\frac{l}{z}\right)^2} \quad (A.0.7\text{-}6)$$

式中： V_d, M_d——分别为剪力设计值（kN）、剪力对应的弯矩设计值（kN·m）；

f_{vcd}, f_{ck}——分别为素混凝土的抗剪强度设计值（MPa）、混凝土的抗压强度标准值（MPa）；在持久状况下 $0.20\left(\frac{f_{ck}}{\gamma_c}\right)^{1/3} \leqslant 0.72\,\text{MPa}$；

β_h, β_P, β_N, β_l——分别为截面高度、受拉侧面板面积、轴力、剪跨比产生的混凝土强度折减系数；

b, h_0——分别为截面的计算宽度（mm）、有效高度（mm）；

h, t_s——分别为截面高度（mm）、受拉侧面板厚度（mm）；

P——受拉侧面板的面积占比，取 t_s/h_0；

k, γ_{vc}——分别为混凝土抗剪的强度修正系数、构件修正系数，分别取 0.85、1.30；

M_{cr}——在 M_d 作用的截面受拉边缘，为消除轴力 N_d 产生的应力而施加的弯矩（kN·m）；

l——双层钢板-混凝土组合结构的计算剪切跨径（mm），取 0.5 倍构件净距；

z——验算截面上混凝土压应力合力与受拉侧面板合力间的力臂（mm），取 $h_0/1.05$。

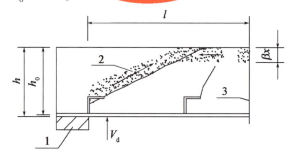

图 A.0.7 素混凝土的抗剪承载力计算
1-支承；2-混凝土压杆；3-剪切跨径中心线

A.0.8 双层钢板-混凝土组合结构的截面尺寸应满足式（A.0.8-1）~式（A.0.8-4）的要求：

$$\gamma_0 V_d \leq 1.0 \times 10^{-3} k_m f_{vud} b h_0 / \gamma_{vc} \quad （A.0.8-1）$$

$$k_m = \frac{1}{\sqrt{b_w/h_0}} \leq 1.0 \quad （A.0.8-2）$$

$$f_{vud} = \max\left[1.25\left(\frac{f_{ck}}{\gamma_c}\right)^{1/2}, \ 0.19\left(\frac{f_{ck}}{\gamma_c}\right)^{1/2} \beta_h \beta_P \beta_s\right] \quad （A.0.8-3）$$

$$\beta_s = \frac{5}{1+\cot^2\theta_w} \quad （A.0.8-4）$$

式中：f_{vud}——约束混凝土的抗剪强度设计值（MPa），在持久状况下 $1.25\left(\frac{f_{ck}}{\gamma_c}\right)^{1/2} \leq 7.8$MPa；

k_m——横隔板间距对混凝土抗剪承载力的修正系数；

b_w——横隔板的间距（mm）；

β_s——斜压杆倾角产生的混凝土强度折减系数；

θ_w——横隔板抗剪桁架模型中混凝土斜压杆与构件轴方向的角度（°），取30°，且不应小于 $\cot^{-1}\left(\frac{l}{z}\right)$。

A.0.9 双层钢板-混凝土组合结构的抗剪承载力应符合下列规定：

1 仅考虑横隔板提供抗剪贡献（图A.0.9-1）时应满足式（A.0.9-1）的要求：

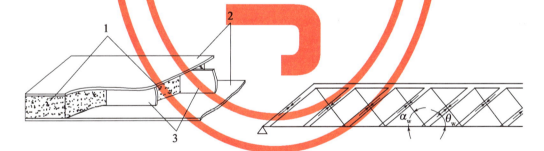

图 A.0.9-1 横隔板的抗剪承载力计算
1-混凝土；2-面板；3-横隔板

$$\gamma_0 V_d \leq 1.0 \times 10^{-3} \frac{\sin^2\alpha_w (\cot\alpha_w + \cot\theta_w) t_w b z f_{swk}}{\gamma_{vs} b_w \gamma_s} \quad （A.0.9-1）$$

式中：f_{swk}——横隔板的抗拉强度标准值（MPa）；

t_w——横隔板的厚度（mm）；

α_w——抗剪桁架模型中横隔板斜拉杆的角度（°），取60°；

γ_{vs}——钢材抗剪的计算模式修正系数，取1.0。

2 仅考虑纵隔板提供抗剪贡献（图 A.0.9-2）时应满足式（A.0.9-2）的要求：

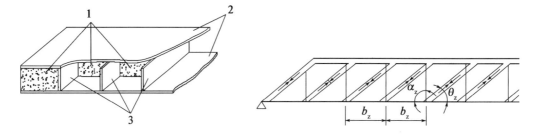

图 A.0.9-2 纵隔板的抗剪承载力计算
1-混凝土；2-面板；3-纵隔板

$$\gamma_0 V_d \leq 1.0 \times 10^{-3} \frac{\sin\alpha_z (\cot\alpha_z + \cot\theta_z) t_z b z f_{szk}}{\gamma_{vs} b_z \gamma_s} \quad (A.0.9\text{-}2)$$

$$\theta_z = \cot^{-1}\left(\frac{b_z - z\cot\alpha_z}{z}\right) \quad (A.0.9\text{-}3)$$

式中：f_{szk}——纵隔板的抗拉强度标准值（MPa）；
　　　t_z——纵隔板的厚度（mm）；
　　　b_z——纵隔板的间距（mm）；
　　　α_z——抗剪桁架模型中纵隔板与构件轴方向的角度（°）；
　　　θ_z——纵隔板抗剪桁架模型中混凝土斜压杆与构件轴方向的角度（°）。

3 对于同时设置横隔板、纵隔板的双层钢板-混凝土组合结构，其抗剪承载力应满足式（A.0.9-1）或式（A.0.9-2）之一的要求。

A.0.10 双层钢板-混凝土组合结构的抗剪连接件布置应符合下列规定：
1 剪跨区应以弯矩绝对值最大点及零弯矩点为界限逐段划分（图 A.0.10）。

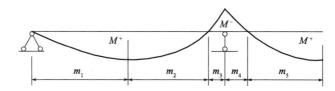

图 A.0.10 剪跨区的划分示意

2 每个剪跨区段内的抗剪连接件布置应满足式（A.0.10）的要求：

$$\gamma_0 V_{sd} \leq \sum n_i^c V_{rd,i}^c \quad (A.0.10)$$

式中：V_{sd}——每个剪跨区段内面板与混凝土交界面的纵向剪力设计值（N）；
　　　$V_{rd,i}^c$——第 i 类连接件的抗剪承载力设计值（N）；
　　　n_i^c——剪跨区段内第 i 类连接件的数量。

A.0.11 角钢连接件的抗剪承载力 $V_{rd,sc}^c$（图 A.0.11）应按式（A.0.11-1）～

式（A.0.11-4）计算：

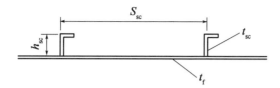

图 A.0.11 角钢连接件

$$V_{\mathrm{rd,sc}}^{\mathrm{c}} = 5.59 h_{\mathrm{sc}} W_{\mathrm{sc}} \left(\frac{f_{\mathrm{ck}}}{\gamma_{\mathrm{c}}}\right)^{1/2} k_1 k_2 k_3 / \gamma_{\mathrm{vc}} \leqslant \frac{t_{\mathrm{sc0}} W_{\mathrm{sc}} f_{\mathrm{sck}}}{\sqrt{3}\gamma_{\mathrm{vs}}\gamma_{\mathrm{s}}} \quad (A.0.11\text{-}1)$$

$$k_1 = 2.2\left(\frac{t_{\mathrm{sc}}}{h_{\mathrm{sc}}}\right)^{2/3} \leqslant 1.0 \quad (A.0.11\text{-}2)$$

$$k_2 = 0.40\left(\frac{t_{\mathrm{f}}}{t_{\mathrm{sc}}}\right)^{1/2} + 0.43 \leqslant 1.0 \quad (A.0.11\text{-}3)$$

$$k_3 = \left(\frac{S_{\mathrm{sc}}}{10 h_{\mathrm{sc}}}\right)^{1/2} \leqslant 1.0 \quad (A.0.11\text{-}4)$$

式中：t_{sc}，h_{sc}，W_{sc}——分别为角钢连接件的厚度（mm）、高度（mm）、垂直于剪力方向的计算宽度（mm）；

S_{sc}——角钢连接件的间距（mm）；

t_{f}——与角钢连接件焊接的面板厚度（mm）；

t_{sc0}——角钢连接件自身厚度与焊接厚度的较小值（mm）；

f_{sck}——角钢连接件的抗拉强度标准值（MPa）。

A.0.12 对于与构件受力方向垂直的纵隔板，其作为抗剪连接件的抗剪承载力 $V_{\mathrm{rd,z}}^{\mathrm{c}}$ 应按式（A.0.12）计算：

$$V_{\mathrm{rd,z}}^{\mathrm{c}} = \frac{t_{\mathrm{z0}} W_{\mathrm{z}} f_{\mathrm{szk}}}{\sqrt{3}\gamma_{\mathrm{vs}}\gamma_{\mathrm{s}}} \quad (A.0.12)$$

式中：W_{z}——纵隔板垂直于剪力方向的计算宽度（mm）；

t_{z0}——纵隔板自身厚度与焊接厚度的较小值（mm）；

f_{szk}——纵隔板的抗拉强度标准值（MPa）。

本规范用词用语说明

1 本规范执行严格程度的用词,采用下列写法:

1)表示很严格,非这样做不可的用词,正面词采用"必须",反面词采用"严禁";

2)表示严格,在正常情况下均应这样做的用词,正面词采用"应",反面词采用"不应"或"不得";

3)表示允许稍有选择,在条件许可时首先应这样做的用词,正面词采用"宜",反面词采用"不宜";

4)表示有选择,在一定条件下可以这样做的用词,采用"可"。

2 引用标准的用语采用下列写法:

1)在标准总则中表述与相关标准的关系时,采用"除应符合本规范的规定外,尚应符合国家和行业现行有关标准的规定"。

2)在标准条文及其他规定中,当引用的标准为国家标准和行业标准时,表述为"应符合《××××××》(×××)的有关规定"。

3)当引用本标准中的其他规定时,表述为"应符合本规范第×章的有关规定"、"应符合本规范第×.×节的有关规定"、"应符合本规范第×.×.×条的有关规定"或"应按本规范第×.×.×条的有关规定执行"。

现行公路工程行业标准一览表

(2022年7月)

序号	板块	模块	现行编号	名　　称	定价(元)
1	总体		JTG 1001—2017	公路工程标准体系(14300)	20.00
2			JTG A02—2013	公路工程行业标准制修订管理导则(10544)	15.00
3			JTG A04—2013	公路工程标准编写导则(10538)	20.00
4	通用	基础	JTG B01—2014	公路工程技术标准(活页夹版,11814)	98.00
				公路工程技术标准(平装版,11829)	68.00
5			JTG 2111—2019	小交通量农村公路工程技术标准(15327)	50.00
6			JTG 2112—2021	城镇化地区公路工程技术标准(17752)	50.00
7			JTJ 002—87	公路工程名词术语(0346)	22.00
8			JTJ 003—86	公路自然区划标准(0348)	16.00
9			JTG 2120—2020	公路工程结构可靠性设计统一标准(16532)	50.00
10			建标〔2011〕124号	公路工程项目建设用地指标(09402)	36.00
11			JTG F80/1—2017	公路工程质量检验评定标准　第一册　土建工程(14472)	90.00
12			JTG 2182—2020	公路工程质量检验评定标准　第二册　机电工程(16987)	60.00
13		安全	JTG B05—2015	公路项目安全性评价规范(12806)	45.00
14			JTG B05-01—2013	公路护栏安全性能评价标准(10992)	30.00
15			JTG B02—2013	公路工程抗震规范(11120)	45.00
16			JTG/T 2231-01—2020	公路桥梁抗震设计规范(16483)	80.00
17			JTG/T 2231-02—2021	公路桥梁抗震性能评价细则(16433)	40.00
18			JTG 2232—2019	公路隧道抗震设计规范(16131)	60.00
19			JTG F90—2015	公路工程施工安全技术规范(12138)	68.00
20		绿色	JTG B03—2006	公路建设项目环境影响评价规范(13373)	40.00
21			JTG B04—2010	公路环境保护设计规范(08473)	28.00
22			JTG/T 2321—2021	公路工程利用建筑垃圾技术规范(17536)	40.00
23			JTG/T 2340—2020	公路工程节能规范(16115)	30.00
24		智慧	JTG/T 2420—2021	公路工程信息模型应用统一标准(17181)	50.00
25			JTG/T 2421—2021	公路工程设计信息模型应用标准(17179)	80.00
26			JTG/T 2422—2021	公路工程施工信息模型应用标准(17180)	70.00
27	建设	勘测	JTG C10—2007	公路勘测规范(06570)	40.00
28			JTG/T C10—2007	公路勘测细则(06572)	42.00
29			JTG C20—2011	公路工程地质勘察规范(09507)	65.00
30			JTG/T C21-01—2005	公路工程地质遥感勘察规范(0839)	17.00
31			JTG/T C21-02—2014	公路工程卫星图像测绘技术规程(11540)	25.00
32			JTG/T 3221-04—2022	公路跨海通道工程地质勘察规程(18076)	70.00
33			JTG/T 3222—2020	公路工程物探规程(16831)	60.00
34			JTG 3223—2021	公路工程地质原位测试规程(17325)	100.00
35		设计	JTG C30—2015	公路工程水文勘测设计规范(12063)	70.00
36			JTG/T 3310—2019	公路工程混凝土结构耐久性设计规范(15635)	50.00
37			JTG/T 3311—2021	小交通量农村公路工程设计规范(17487)	60.00
38			JTG D20—2017	公路路线设计规范(14301)	80.00
39			JTG/T D21—2014	公路立体交叉设计细则(11761)	60.00
40			JTG D30—2015	公路路基设计规范(12147)	98.00
41			JTG/T D31—2008	沙漠地区公路设计与施工指南(1206)	32.00
42			JTG/T D31-02—2013	公路软土地基路堤设计与施工技术细则(10449)	40.00
43			JTG/T D31-03—2011	采空区公路设计与施工技术细则(09181)	40.00
44			JTG/T D31-04—2012	多年冻土地区公路设计与施工技术细则(10260)	40.00
45			JTG/T D31-05—2017	黄土地区公路路基设计与施工技术规范(13994)	50.00
46			JTG/T D31-06—2017	季节性冻土地区公路设计与施工技术规范(13981)	45.00
47			JTG/T D32—2012	公路土工合成材料应用技术规范(09908)	50.00
48			JTG/T D33—2012	公路排水设计规范(10337)	40.00
49			JTG/T 3334—2018	公路滑坡防治设计规范(15178)	55.00
50			JTG D40—2011	公路水泥混凝土路面设计规范(09463)	40.00
51			JTG D50—2017	公路沥青路面设计规范(13760)	50.00
52			JTG/T 3350-03—2020	排水沥青路面设计与施工技术规范(16651)	50.00
53			JTG D60—2015	公路桥涵设计通用规范(12506)	40.00
54			JTG/T 3360-01—2018	公路桥梁抗风设计规范(15231)	75.00
55			JTG/T 3360-02—2020	公路桥梁抗撞设计规范(16435)	40.00
56			JTG/T 3360-03—2018	公路桥梁景观设计规范(14540)	40.00
57			JTG D61—2005	公路圬工桥涵设计规范(13355)	30.00
58			JTG 3362—2018	公路钢筋混凝土及预应力混凝土桥涵设计规范(14951)	90.00
59			JTG 3363—2019	公路桥涵地基与基础设计规范(16223)	90.00
60			JTG D64—2015	公路钢结构桥梁设计规范(12507)	80.00
61			JTG/T D64-01—2015	公路钢混组合桥梁设计与施工规范(12682)	45.00
62			JTG/T 3364-02—2019	公路钢桥面铺装设计与施工技术规范(15637)	50.00
63			JTG/T 3365-01—2020	公路斜拉桥设计规范(16365)	50.00
64			JTG/T 3365-02—2020	公路涵洞设计规范(16583)	50.00
65			JTG/T D65-05—2015	公路悬索桥设计规范(12674)	55.00
66			JTG/T D65-06—2015	公路钢管混凝土拱桥设计规范(12514)	40.00
67			JTG/T 3365-05—2022	公路装配式混凝土桥梁设计规范(17885)	60.00
68			JTG 3370.1—2018	公路隧道设计规范　第一册　土建工程(14639)	110.00
69			JTG D70/2—2014	公路隧道设计规范　第二册　交通工程与附属设施(11543)	50.00

序号	板块	模块	现行编号	名　　称	定价(元)
70	建设	设计	JTG/T D70—2010	公路隧道设计细则(08478)	66.00
71			JTG/T D70/2-01—2014	公路隧道照明设计细则(11541)	35.00
72			JTG/T D70/2-02—2014	公路隧道通风设计细则(11546)	70.00
73			JTG/T 3371—2022	公路水下隧道设计规范(17889)	120.00
74			JTG/T 3371-01—2022	公路沉管隧道设计规范(18063)	70.00
75			JTG/T 3374—2020	公路瓦斯隧道设计与施工技术规范(16141)	60.00
76			JTG D80—2006	高速公路交通工程及沿线设施设计通用规范(0998)	25.00
77			JTG D81—2017	公路交通安全设施设计规范(14395)	60.00
78			JTG/T D81—2017	公路交通安全设施设计细则(14396)	90.00
79			JTG/T 3381-02—2020	公路限速标志设计规范(16696)	40.00
80			JTG D82—2009	公路交通标志和标线设置规范(07947)	116.00
81			JTG/T 3383-01—2020	公路通信及电力管道设计规范(16686)	40.00
82			JTG/T L11—2014	高速公路改扩建设计细则(11998)	45.00
83			JTG/T L80—2014	高速公路改扩建交通工程与沿线设施设计细则(11999)	30.00
84			JTG/T 3392—2022	高速公路改扩建交通组织设计规范(17883)	50.00
85		通用图	JTG/T 3911—2021	装配化工字组合梁钢桥通用图(17771)	3000.00
86		试验	JTG E20—2011	公路工程沥青及沥青混合料试验规程(09468)	106.00
87			JTG 3420—2020	公路工程水泥及水泥混凝土试验规程(16989)	100.00
88			JTG 3430—2020	公路土工试验规程(16828)	120.00
89			JTG E41—2005	公路工程岩石试验规程(13351)	30.00
90			JTG E42—2005	公路工程集料试验规程(13353)	50.00
91			JTG E50—2006	公路工程土工合成材料试验规程(13398)	40.00
92			JTG E51—2009	公路工程无机结合料稳定材料试验规程(08046)	60.00
93			JTG 3450—2019	公路路基路面现场测试规程(15830)	90.00
94		检测	JTG/T 3512—2020	公路工程基桩检测技术规程(16482)	60.00
95			JTG/T 3520—2021	公路机电工程测试规程(17414)	60.00
96		施工	JTG/T 3610—2019	公路路基施工技术规范(15769)	80.00
97			JTG/T F20—2015	公路路面基层施工技术细则(12367)	45.00
98			JTG/T F30—2014	公路水泥混凝土路面施工技术细则(11244)	60.00
99			JTG F40—2004	公路沥青路面施工技术规范(05328)	50.00
100			JTG/T 3650—2020	公路桥涵施工技术规范(16434)	125.00
101			JTG/T 3650-02—2019	特大跨径公路桥梁施工测量规范(15634)	80.00
102			JTG/T 3651—2022	公路钢结构桥梁制造和安装施工规范(17884)	80.00
103			JTG/T 3652—2022	跨海钢箱梁架大节段施工技术规程(18075)	30.00
104			JTG/T 3660—2020	公路隧道施工技术规范(16488)	100.00
105			JTG/T 3671—2021	公路交通安全设施施工技术规范(17000)	50.00
106			JTG/T F72—2011	公路隧道交通工程与附属设施施工技术规程(09509)	35.00
107		监理	JTG G10—2016	公路工程施工监理规范(13275)	40.00
108		造价	JTG 3810—2017	公路工程建设项目造价文件管理导则(14473)	50.00
109			JTG/T 3811—2020	公路工程施工定额测定与编制规程(16083)	60.00
110			JTG/T 3812—2020	公路工程建设项目造价数据标准(16836)	100.00
111			JTG 3820—2018	公路工程建设项目投资估算编制办法(14362)	60.00
112			JTG/T 3821—2018	公路工程估算指标(14363)	120.00
113			JTG 3830—2018	公路工程建设项目概算预算编制办法(14364)	60.00
114			JTG/T 3831—2018	公路工程概算定额(14365)	270.00
115			JTG/T 3832—2018	公路工程预算定额(14366)	300.00
116			JTG/T 3833—2018	公路工程机械台班费用定额(14367)	50.00
117	养护	综合	JTG H10—2009	公路养护技术规范(08071)	60.00
118			JTG 5120—2021	公路桥涵养护规范(17160)	60.00
119			JTG/T 5122—2021	公路缆索结构体系桥梁养护技术规范(17764)	60.00
120			JTG H12—2015	公路隧道养护技术规范(12062)	60.00
121			JTJ 073.1—2001	公路水泥混凝土路面养护技术规范(13658)	20.00
122			JTG 5142—2019	公路沥青路面养护技术规范(15612)	60.00
123			JTG/T 5142-01—2021	公路沥青路面预防养护技术规范(17578)	50.00
124			JTG 5150—2020	公路路基养护技术规范(16596)	40.00
125			JTG/T 5190—2019	农村公路养护技术规范(15430)	30.00
126		检测评价	JTG 5210—2018	公路技术状况评定标准(15202)	40.00
127			JTG/T E61—2014	公路路面技术状况自动化检测规程(11830)	25.00
128			JTG/T H21—2011	公路桥梁技术状况评定标准(09324)	46.00
129			JTG/T J21—2011	公路桥梁承载能力检测评定规程(09480)	20.00
130			JTG/T J21-01—2015	公路桥梁荷载试验规程(12751)	40.00
131			JTG 5220—2020	公路养护工程质量检验评定标准　第一册　土建工程(16795)	80.00
132		养护设计	JTG 5421—2018	公路沥青路面养护设计规范(15201)	40.00
133			JTG/T J22—2008	公路桥梁加固设计规范(07380)	52.00
134			JTG/T 5440—2018	公路隧道加固技术规范(15402)	70.00
135		养护施工	JTG/T F31—2014	公路水泥混凝土路面再生利用技术细则(11360)	30.00
136			JTG/T 5521—2019	公路沥青路面再生技术规范(15839)	60.00
137			JTG/T J23—2008	公路桥梁加固施工技术规范(07378)	40.00
138			JTG H30—2015	公路养护安全作业规程(12234)	90.00
139		造价	JTG 5610—2020	公路养护预算编制导则(16733)	50.00
140			JTG/T M72-01—2017	公路隧道养护工程预算定额(14189)	60.00
141			JTG/T 5612—2020	公路桥梁养护工程预算定额(16855)	50.00
142			JTG/T 5640—2020	农村公路养护预算编制办法(16302)	70.00
143	运营	收费服务	JTG/T 6303.1—2017	收费公路移动支付技术规范　第一册　停车移动支付(14380)	20.00
144			JTG B10-01—2014	公路电子不停车收费联网运营和服务规范(11566)	30.00

注:JTG——公路工程行业标准;JTG/T——公路工程行业推荐性标准。销售电话:010-85285659;业务咨询电话:010-85285922/30。